2025년 02월 25일 1판 4쇄 **펴냄**
2023년 02월 25일 1판 1쇄 **펴냄**

펴낸곳 (주)효리원
펴낸이 윤종근
글쓴이 백혜진, 백혜영 · **그린이** 최은영 외
등록 1990년 12월 20일 · **번호** 2-1108
우편 번호 03147
주소 서울시 종로구 삼일대로 457, 406호
전화 02)3675-5222 · **팩스** 02)765-5222

ⓒ 2021 · 2023 (주)효리원

잘못 만들어진 책은 구입하신 서점에서 바꾸어 드립니다.
ISBN 978-89-281-0735-3 74810

이메일 hyoreewon@hyoreewon.com
홈페이지 www.hyoreewon.com

저학년 교과서
초성 게임

백혜진 외 글 · 최은영 외 그림

효리원
hyoreewon.com

여러분들은 초성 게임을 해 본 적 있나요? 예를 들어 'ㄱㅈ' 자음 두 개를 보고 여러 가지 낱말을 만들어 보는 거예요. 감자, 과자, 공장, 계장, 공주, 국자, 경주, 고장……. 이렇게요.

어때요? 초성 게임을 하려면 많이 생각하고, 많이 고민해야겠지요? 그래서 초성 게임을 하면 자연스레 두뇌가 발달한답니다.

이 책은 초등학교 저학년 교과서에서 다루고 있는 낱말과 속담을 비롯하여 요즈음 사회, 문화적으로 크게 주목을 받고 있는 내용을 초성 게임으로 구성했어요. 끝말잇기, 가로세로 낱말 퍼즐, 사다리 타기, 미로 찾기 등 다양한 방식으로 초성 게임을 즐길 수 있도록 하여 지루하지 않답니다.

초성 게임은 혼자 하든 친구와 함께 시합을 하든 상관없어요. 어떻게든 초성 게임을 즐기다 보면 여러분은 어느새 받아쓰기왕, 공부왕, 속담왕, 어휘왕, 시사왕이 되어 있을 테니까요!

초성 게임을 즐길 준비 됐나요? 그럼 지금부터 눈치코치, 재치가 넘치는 초성 게임의 세계로 출발~!

초성 게임을 즐기는 자매 백혜진&백혜영

차례

1장 **받아쓰기왕**이 되는
초성 게임 ★★★★★★★★★★★★★★ 6

2장 **공부왕**이 되는
초성 게임 ★★★★★★★★★★★★★★ 36

3장 **속담왕**이 되는
초성 게임 ★★★★★★★★★★★★ 66

4장 **어휘왕**이 되는
초성 게임 ★★★★★★★★★★★★★★ 94

5장 **시사왕**이 되는
초성 게임 ★★★★★★★★★★★★★ 122

1장 받아쓰기왕

이 되는 초성 게임

( ) 안에 정답을 쏙!

초성 ㄷ ( )

- '꼬꼬댁' 우는 동물이에요.
- 병아리가 자라서 이것이 되지요.

초성 ㅊㄱ ( )

- 자동차만 다니게 한 길이에요.
- 이곳을 건널 때는 양옆을 살피며 조심해야 해요.

힌트를 읽고 어떤 말의 초성인지
(   ) 안에 써 보세요!

  (   )

- 여러 나무와 풀들이 우거져 있는 곳이에요.
- '수풀'의 줄임말이기도 하지요.

 (   )

- 예쁜 꽃이 많이 피어 있는 곳을 뜻해요.
- 꽃을 심어서 가꾼 곳을 말하기도 해요.
- '○○에는 꽃들이 모여 살고요~♪'로 시작하는 동요도 있어요.

초성을 잡아라!

문제 총이나 활 같은 것으로 산에서 동물을 잡는 사람을 무엇이라고 부를까요?

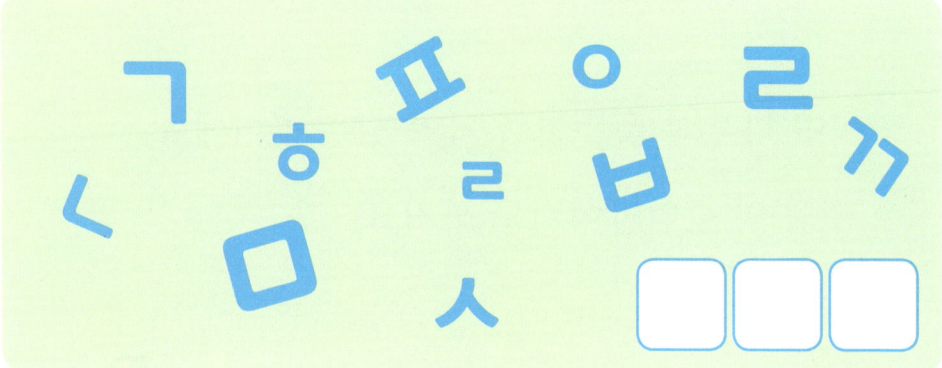

문제 닭이 낳는 알은 무엇일까요?

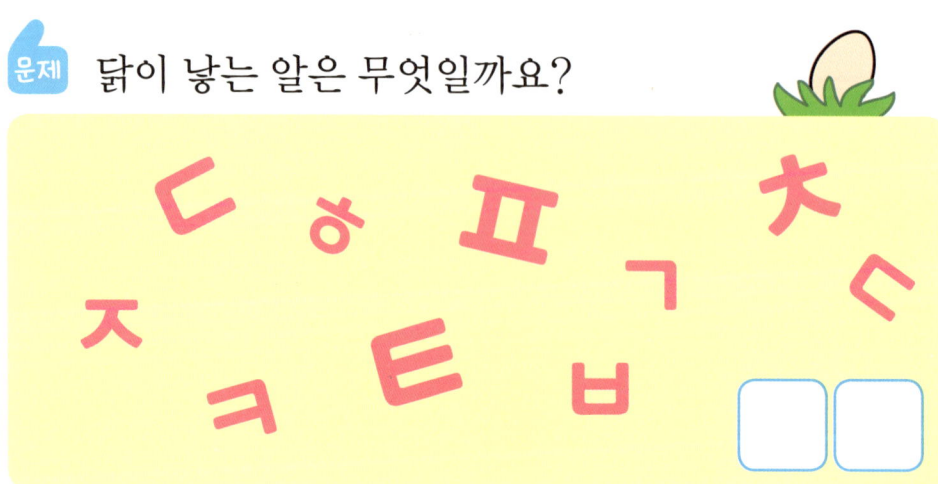

다음에 설명하는 낱말이 무엇인지 초성을 골라 ◯를 하고, ☐ 안에 정답을 적어 보세요!

문제 겹으로 된 눈꺼풀을 무엇이라고 부를까요?

문제 해가 내리쬐는 뜨거운 기운을 무엇이라고 할까요?

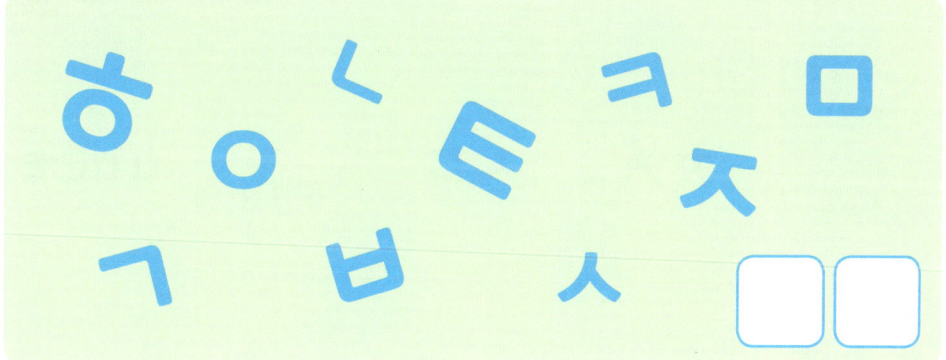

칙칙폭폭~ 끝말잇기!

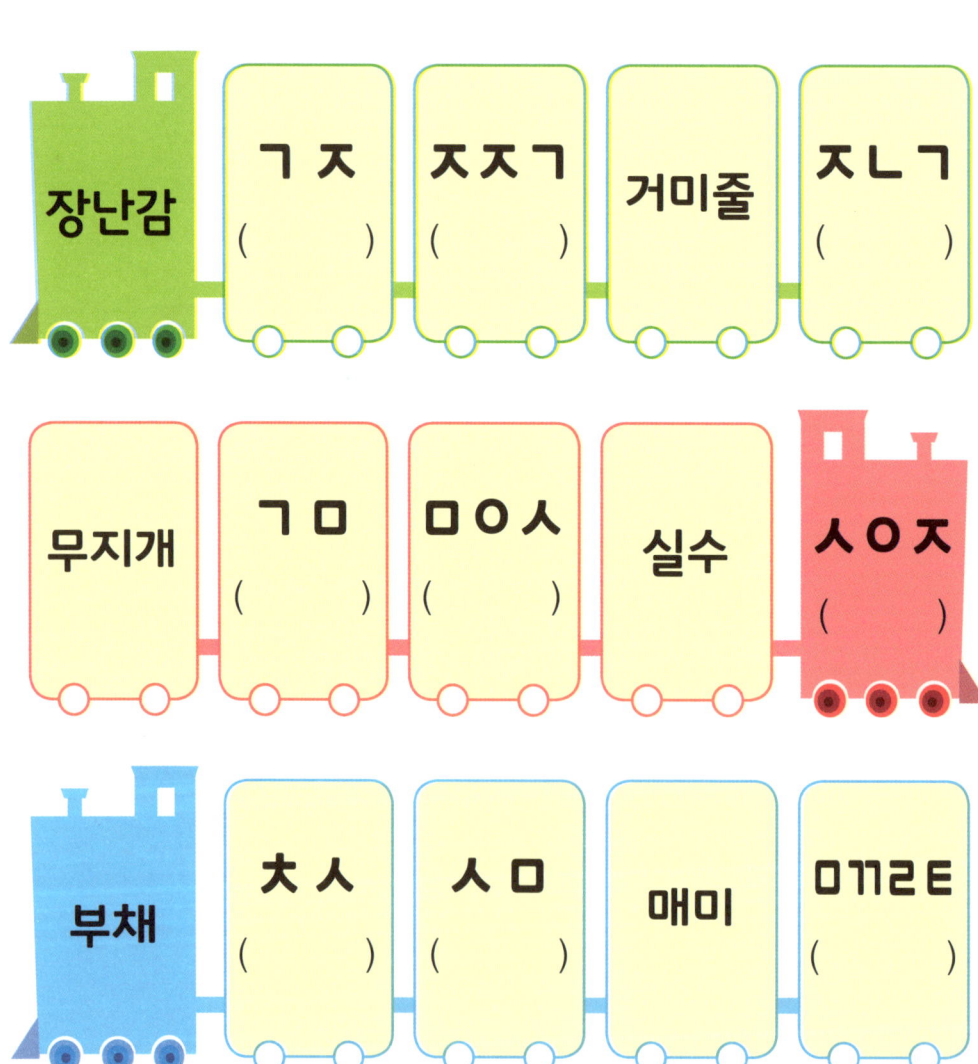

초성 글자에 알맞은 낱말을 ( ) 안에 쓰면서 끝말잇기를 해 보세요!

*경우에 따라 초성 글자의 답이 여러 개일 수도 있어요.

가로세로 초성 낱말 퍼즐!

🔹 가로 길잡이

2 땅이 흔들리고 갈라지는 자연 현상이에요.
4 잘 때 이걸 베고 자요.
5 앞쪽에 난 이를 뜻하는 말이에요.
6 사람이 본래부터 지닌 성격이나 품성.
　○○이 착해요. 내 짝꿍은 ○○이 참 좋아요.

🔹 세로 길잡이

1 '꿀꿀꿀' 우는 동물이에요.
3 전라남도 진도에서 살아왔던 우리나라의 대표적인 개예요.
5 요리를 할 때 앞에 이걸 두르고 해요.
7 사람이 먹을 수 있도록 만든 밥이나 국 따위를 말해요.

가로와 세로 길잡이 글을 잘 읽고 초성 낱말 퍼즐을 풀어 보세요.

자, 시작해 볼까?

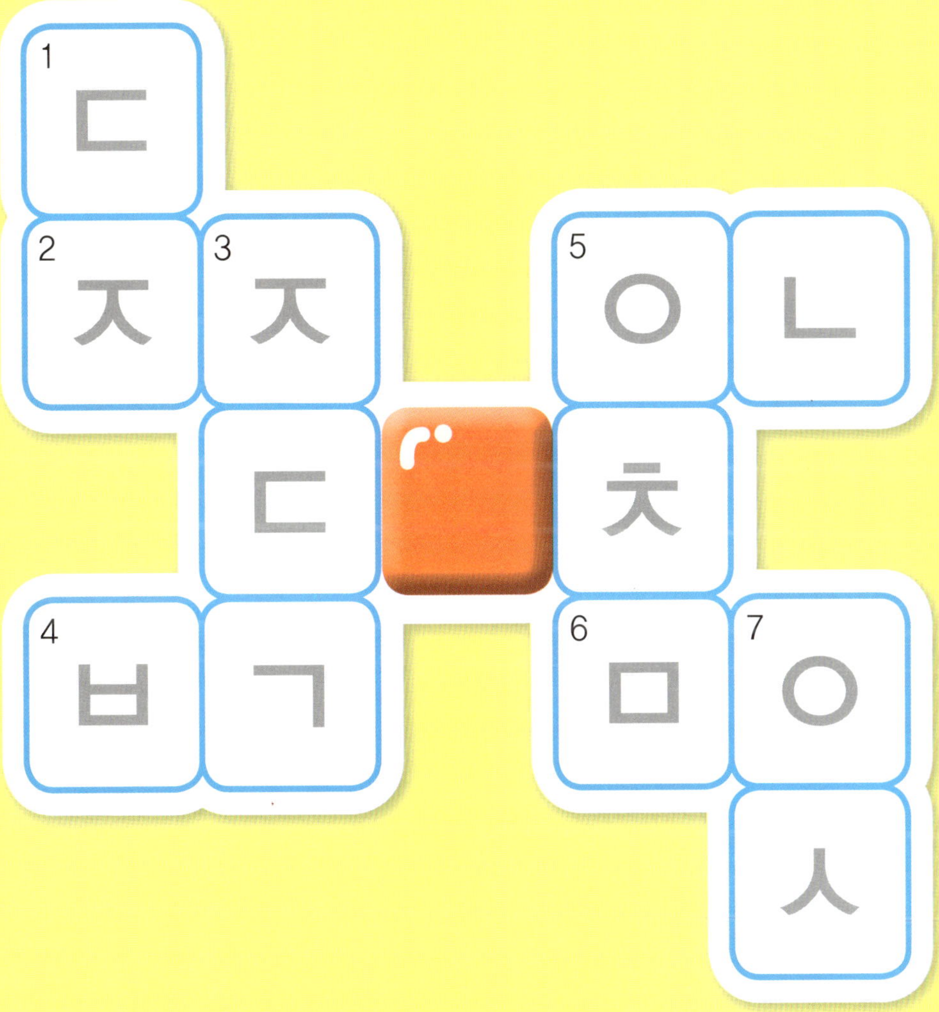

( ) 안에 정답을 쏙!

초성 ㄷㅁㅇ ( )

- 아주 딱딱해요.
- 돌덩이보다 작은 돌을 부르는 말이에요.

초성 ㅈㅇㄱ ( )

- 연필로 쓴 걸 지울 때 써요.
- 쓸수록 작아져요.

힌트를 읽고 어떤 말의 초성인지
(   ) 안에 써 보세요!

오호! 재밌네, 재밌어!

초성 ㄸ ㅂ ㅇ (   )

- 적당히 자른 가래떡에 여러 가지 채소와 고추장을 넣어 볶은 음식이에요.
- 학교 앞 분식집에서 많이 팔아요.

초성 ㅇ ㄷ ㅅ (   )

- 보통 이 나이가 되면 초등학교에 들어가요.
- 일곱 살보다 한 살 더 많은 나이예요.

초성을 잡아라!

문제 사실이 아닌 걸 진짜처럼 꾸며 말하는 걸 무엇이라고 할까요?

문제 나라를 다스리는 왕을 높여 부르는 말이에요. 무엇이라고 할까요?

다음에 설명하는 낱말이 무엇인지 초성을 골라 ○를 하고, □ 안에 정답을 적어 보세요!

문제 횡단보도를 건널 때 이 색깔 불이 켜지면 길을 건널 수 없어요.

문제 요리나 설거지를 하는 곳은 어디일까요?

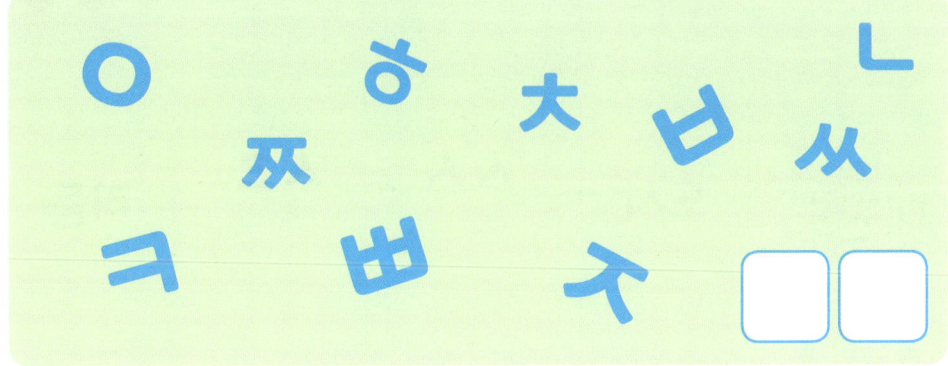

칙칙폭폭~ 끝말잇기!

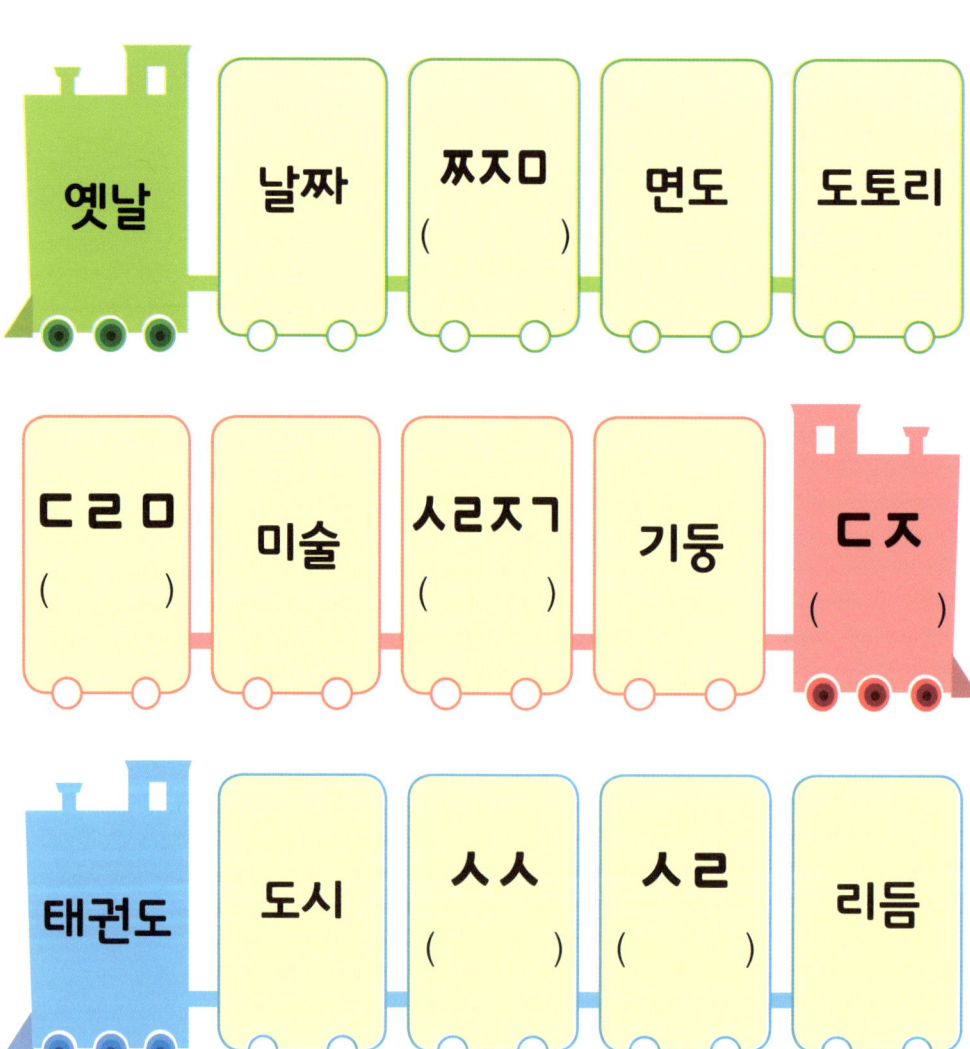

초성 글자에 알맞은 낱말을 ( ) 안에 쓰면서 끝말잇기를 해 보세요!

*경우에 따라 초성 글자의 답이 여러 개일 수도 있어요.

괴물 — ㅁㄱ ( ) — ㄱㄱ ( ) — 강물 — ㅁㅂㅇ ( )

ㄷㄲㅊ ( ) — 치약 — 약국 — ㄱㅁ ( ) — ㅁㄹㅂㅇ ( )

ㄱㄸㄹㅁ ( ) — 미로 찾기 — ㄱㅅ ( ) — ( ) — 기침

가로세로 초성 낱말 퍼즐!

가로 길잡이

1 서로 손을 맞잡아 인사하는 거예요.
2 손이나 얼굴을 씻을 수 있게 만들어 놓은 대를 뜻해요.
5 물건을 파는 일. ○○가 안 돼요.

세로 길잡이

1 음악을 연주하는 데 쓰는 기구를 말해요.
2 얼굴이나 손을 씻는 걸 뜻해요.
3 잠을 자는 일. ○○ 부족. ○○ 시간.
4 한 무리의 우두머리를 부르는 말이에요.
6 누군가를 몹시 아끼고 소중하게 여기는 마음을 뜻해요. 엄마, ○○해요.

가로와 세로 길잡이 글을 잘 읽고 초성 낱말 퍼즐을 풀어 보세요.

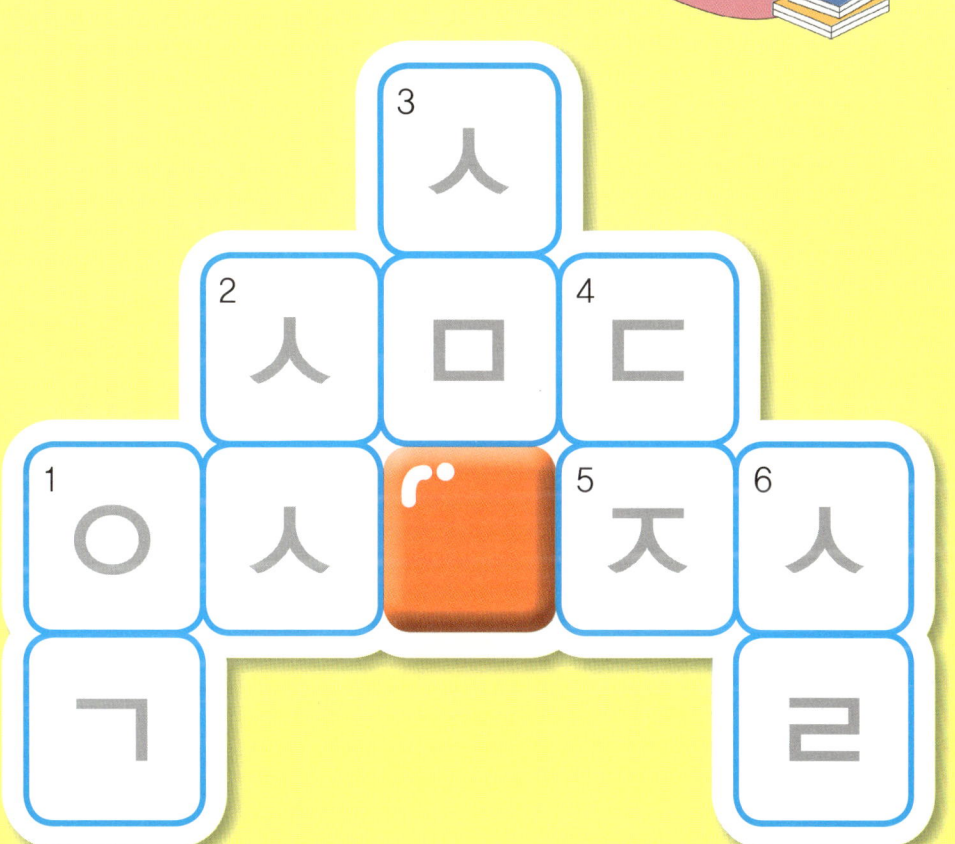

( ) 안에 정답을 쏙!

초성 ㅁㄷㅂㄹ ( )

- 빨간 딱지날개에 동그란 까만 점이 있는 곤충이에요.

초성 ㄱㅊㅉㄱ ( )

- 김치와 돼지고기 등을 넣고 끓이는 국물 음식.
- 우리나라 사람들이 즐겨 먹어요.

힌트를 읽고 어떤 말의 초성인지 ( ) 안에 써 보세요!

ㅅㄱㄹ, ㅈㄱㄹ

 (,   )

- 밥을 먹을 때 필요해요.
- 하나는 국이나 밥을 떠먹을 때, 하나는 반찬을 먹을 때 써요.

ㅅㄴ와 ㄴㅁㄲ

 (와   )

- 우리 옛이야기 중 하나예요.
- 하늘에서 내려온 선녀와 산에서 나무하는 나무꾼에 관한 이야기예요.

재미 만점~ 사다리 타기!

먼지나 쓰레기를 쓸어 내는 청소 도구는 무엇일까요?

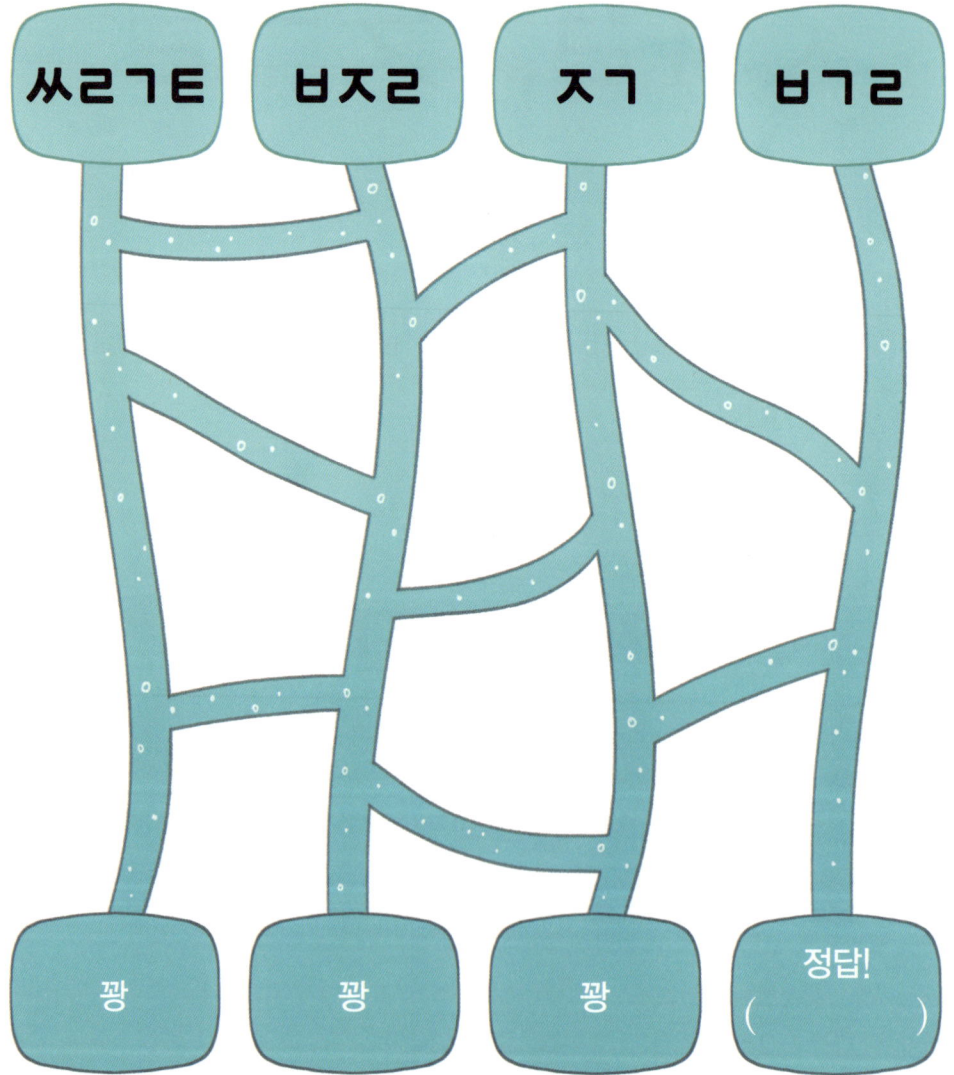

문제를 읽고 알맞은 초성을 고른 뒤 사다리를 타 보세요. 맞히면 정답!, 틀리면 꽝이 나와요. 사다리를 탄 뒤 ( ) 안에 정답을 적어 보세요!

💡 둥글넓적한 돌로 만든 기구로, 곡식을 가는 데 쓰는 것은?

| ㄷㄱㄱ | ㅍㄹㅎㄴ | ㅁㄷ | ㅍㅂ |

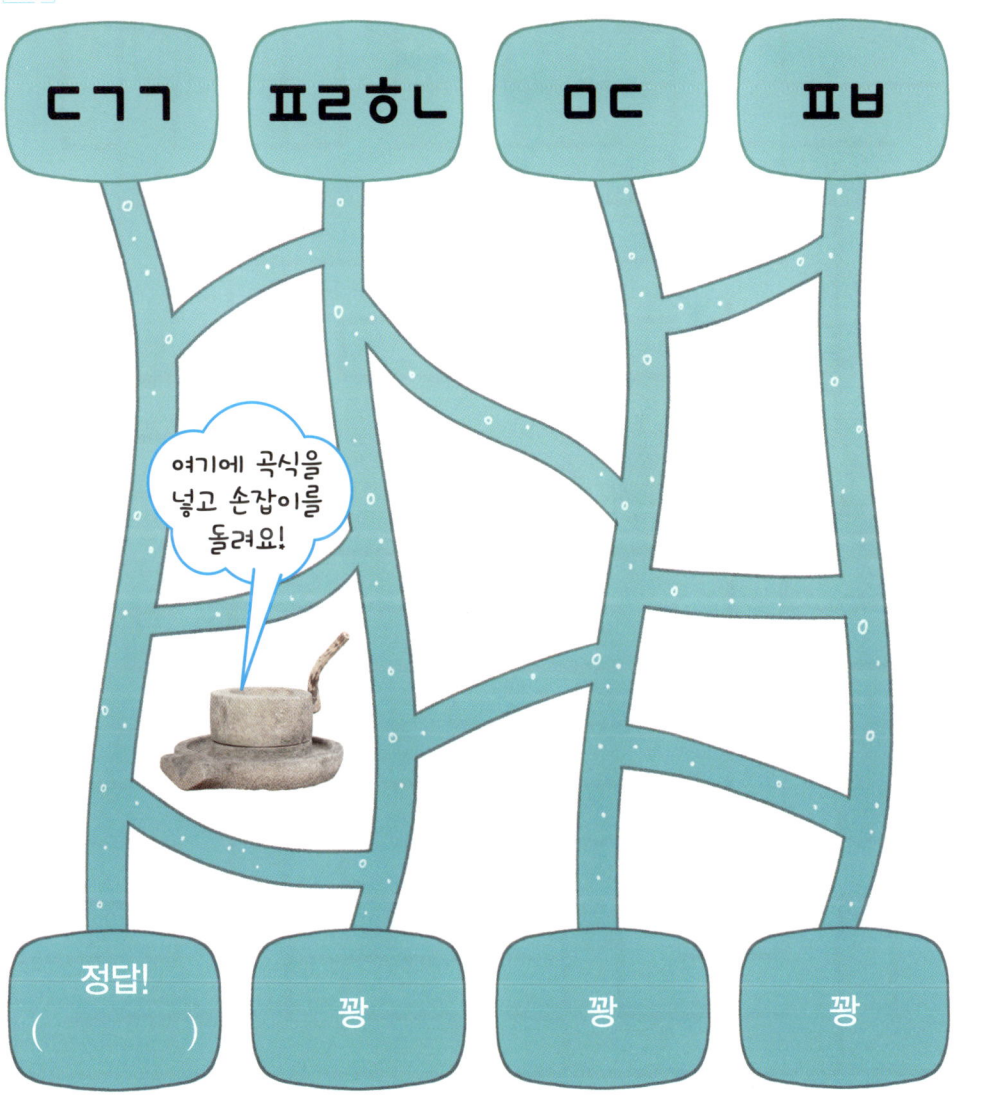

여기에 곡식을 넣고 손잡이를 돌려요!

정답! ( )   꽝   꽝   꽝

요리조리~ 미로 찾기!

출발 도착 **大人**(   )

미로를 찾아 도착한 곳에 초성 글자가 있어요. 초성 글자에 알맞은 낱말을 ( ) 안에 적어 보세요!

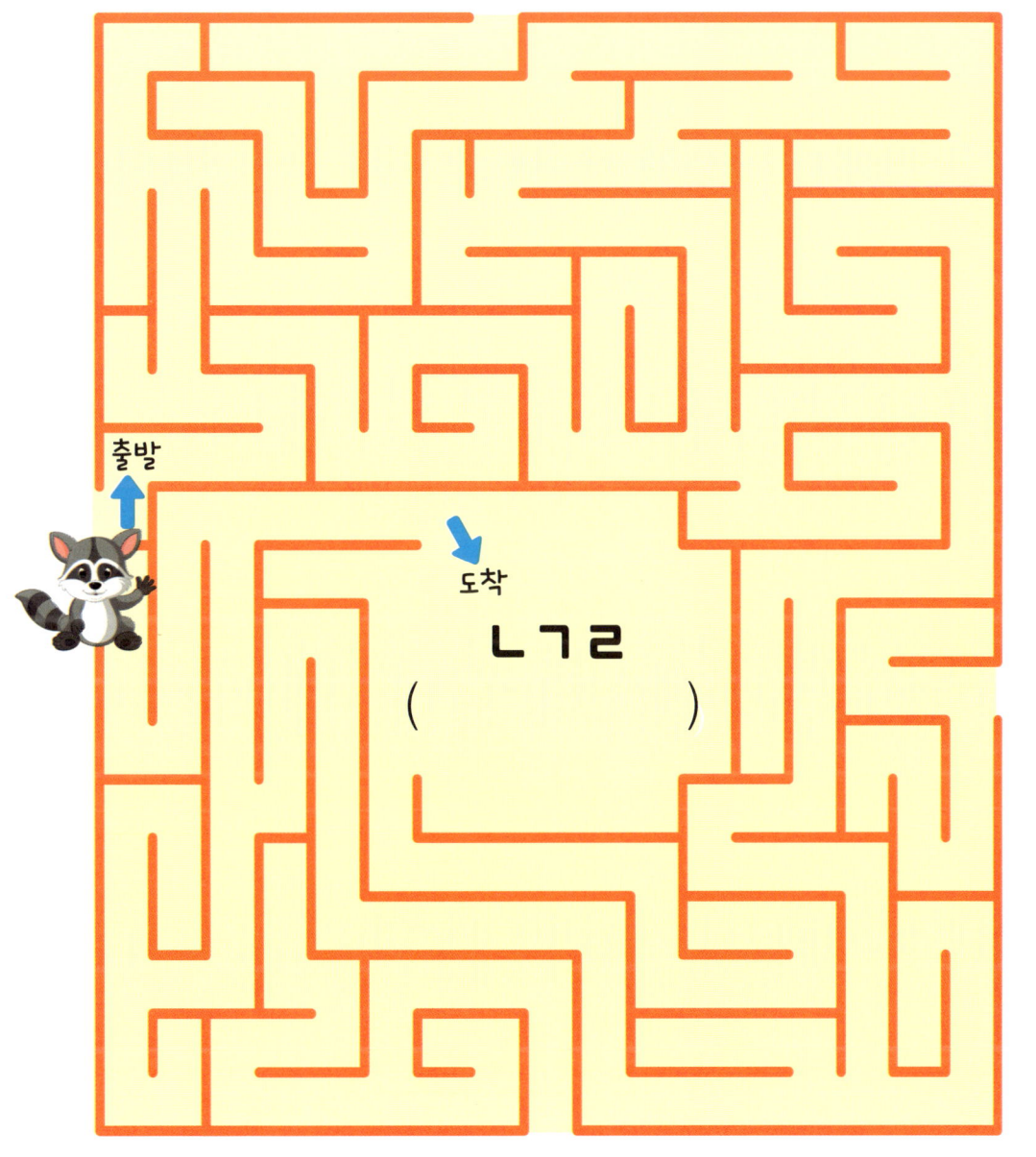

( ) 안에 정답을 쏙!

초성 토끼가 ㄲㅊㄲㅊ 뛰어가요.
(   )

- 토끼가 뛰는 모습을 흉내 낸 말이에요.

초성 ㅊㅂ에 굵은 ㅂㅂㅇ이 떨어지고 있어요.
(   )   (   )

- 창문의 밖을 이르는 말.
- 비가 되어 떨어지는 물방울을 말해요.

힌트를 읽고 어떤 말의 초성인지 (   ) 안에 써 보세요. 힌트가 없는 곳은 초성에 알맞은 말을 (   ) 안에 써넣어 문장을 완성해 보세요.

🔵초성 나갔다 들어오면 ㅅ과 ㅂ을
(   ) (   )

꼭 ㅆㅇ야 해요.
(   )

🔴초성 ㅊㄲㅇ에 책이 가득
(   )

ㄲㅎ 있어요.
(   )

재미 만점~ 사다리 타기!

💡 골짜기의 자그마한 내에서 흐르는 물은 무엇일까요?

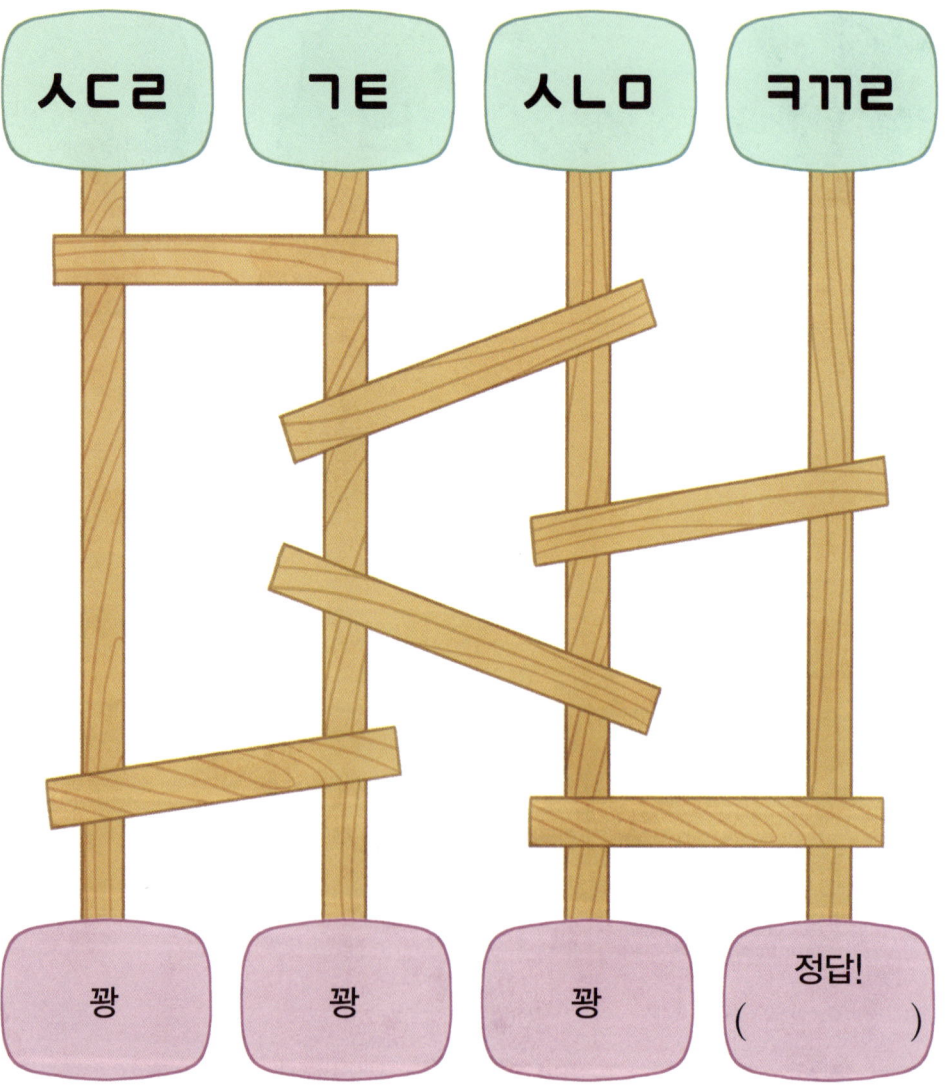

문제를 읽고 알맞은 초성을 고른 뒤 사다리를 타 보세요. 맞히면 정답!, 틀리면 꽝이 나와요. 사다리를 탄 뒤 (   ) 안에 정답을 적어 보세요!

💡 혼자서 하는 말을 뜻해요. 무엇일까요?

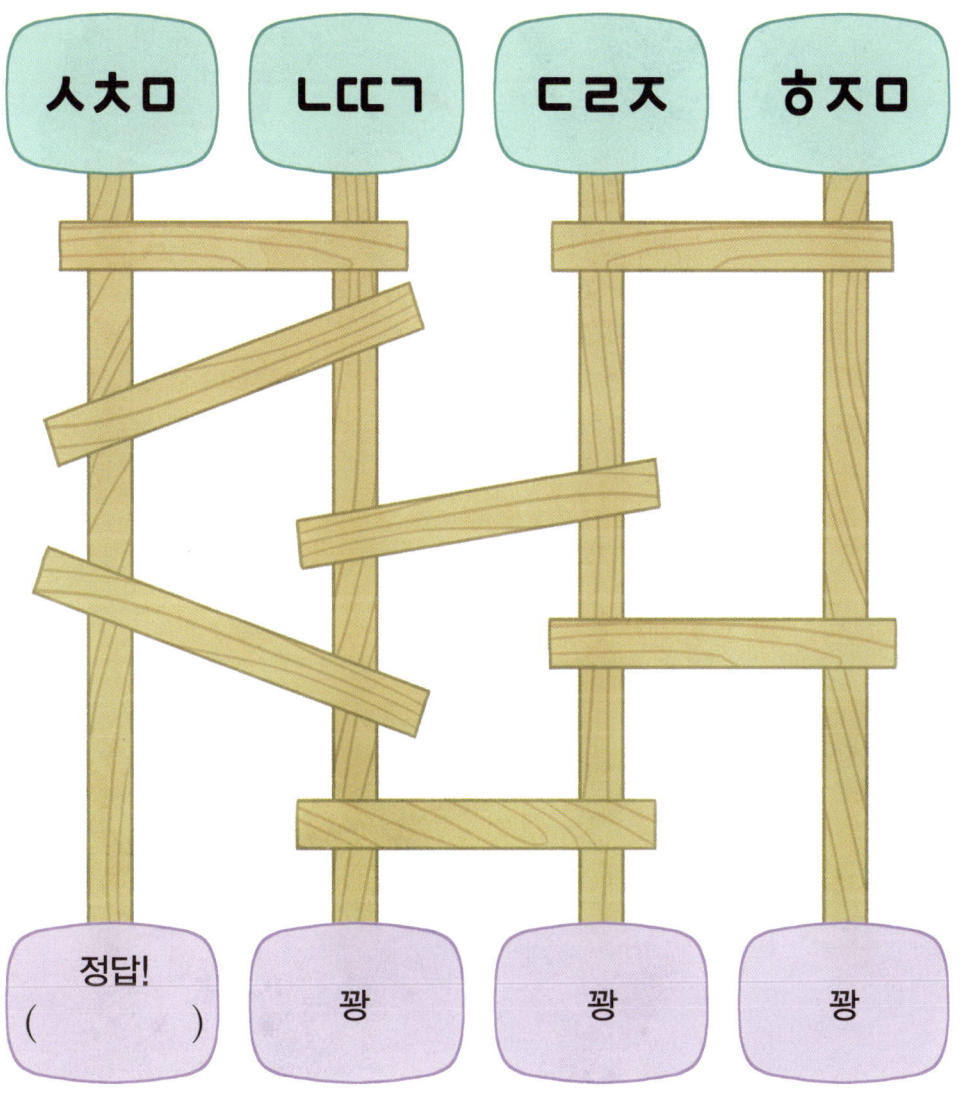

요리조리~ 미로 찾기!

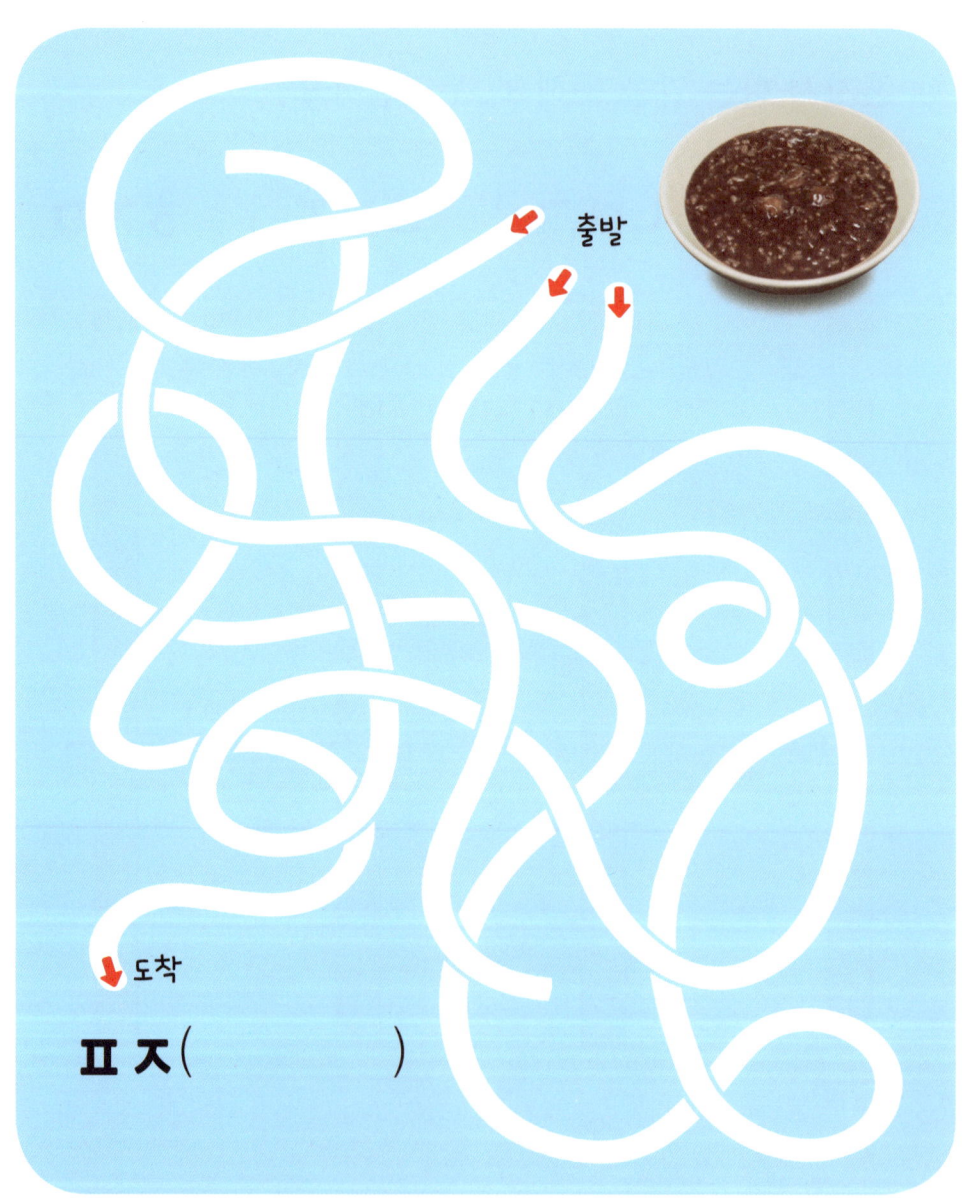

출발

도착

ㅍ ㅈ ( )

미로를 찾아 도착한 곳에 초성 글자가 있어요. 초성 글자에 알맞은 낱말을 ( ) 안에 적어 보세요!

출발

도착

ㄲㄱ ㄹ ( )

2장

공부왕

이 되는 초성 게임

( ) 안에 정답을 쏙!

초성 ㅁㅊㅍ ( )

- 설명하는 문장 끝에 써요.

초성 ㅁㅇㅍ ( )

- 궁금한 것을 물어볼 때 써요.

초성 ㄴㄲㅍ ( )

- 감탄이나 느낌을 나타내는 문장 끝에 써요.

문장 부호를 익혀 볼까요? 힌트를 읽고
어떤 말의 초성인지 ( ) 안에 써 보세요!

초성 ㅅㅍ ( )

- 부르는 말이나 대답하는 말 뒤에 써요.

초성 ㅋㄸㅇㅍ ( )

- 글에서 이야기를 주고받는 것을 표시할 때 써요.

초성 ㅈㅇㄸㅇㅍ ( )

- 마음속으로 한 말을 적을 때 써요.

초성을 잡아라!

문제 2로 나누어서 나머지가 0이 되는 수는 무엇일까요?
2, 4, 6, 8 같은 수가 여기에 해당해요.

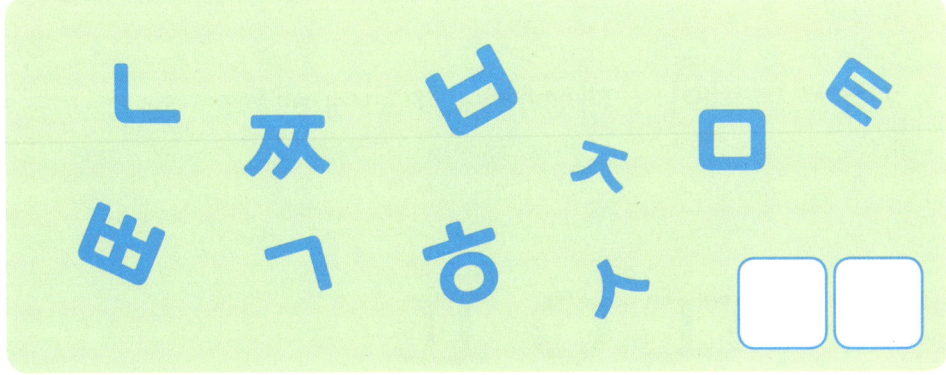

문제 지붕을 기와로 만든 집을 무엇이라고 부를까요?
옛날 사람들은 이곳에 많이 살았어요.

다음에 설명하는 낱말이 무엇인지 초성을 골라 ○를 하고, □ 안에 정답을 적어 보세요!

문제 상한 음식이나 익지 않은 과일을 먹으면 생기는 병이에요. 이것에 걸리면 배가 아프거나 설사를 해요.

문제 하늘에서 우르릉 쾅쾅 천둥이 칠 때 번쩍 불꽃이 이는 걸 무엇이라고 부를까요?

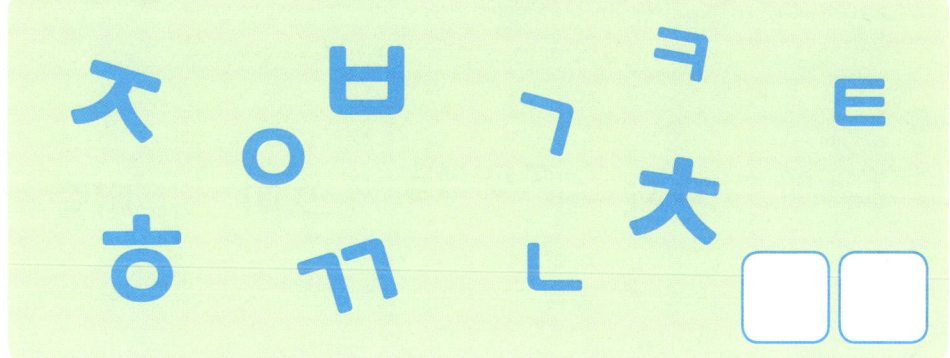

칙칙폭폭~ 끝말잇기!

초성 글자에 알맞은 낱말을 ( ) 안에 쓰면서 끝말잇기를 해 보세요!

*경우에 따라 초성 글자의 답이 여러 개일 수도 있어요.

만화 — ㅎㅇㅇ ( ) — ㅇㄱㅈ ( ) — 장갑 — 갑옷

고양이 — ㅇㅅㅅ ( ) — 신발장 — ㅈㅁㄲ ( ) — 꽃잎

ㅂㅉㅇ ( ) — 이불 — 불국사 — ㅅㅁㄱ ( ) — 귀지

가로세로 초성 낱말 퍼즐!

🩷 가로 길잡이

2. 일정한 한도를 정하거나 그 한도를 넘지 못하게 막는 걸 뜻해요. 나이 ○○이 있어요.

4. 음력 1월 1일, 우리나라 명절 가운데 하나. 이날 떡국을 먹어요.

5. 마음속에 있는 감정이 겉으로 드러나는 모습을 뜻해요. 기쁜 ○○, 슬픈 ○○.

6. 판판하고 넓게 켠 나뭇조각을 뜻해요.

🩵 세로 길잡이

1. 서로 사귀어서 가까이 지내는 걸 뜻하는 말.

3. 세종 대왕이 우리글을 만든 날을 기념하는 날. 10월 9일.

5. 무언가를 알리기 위해 표시를 해 놓은 판을 뜻해요.

7. 쇠를 끌어당기는 물체.

가로와 세로 길잡이 글을 잘 읽고 초성 낱말 퍼즐을 풀어 보세요.

( ) 안에 정답을 쏙!

초성 ㅅ ㅍ (   )

- 추석에 먹는 떡이에요.
- 반죽 안에 콩이나 팥, 깨를 넣어 반달 모양으로 빚어요.

초성 ㅈ ㅈ ㄷ (   )

- 우리나라 남쪽에 있는 섬이에요.
- 이곳에 한라산이 있어요.

초성 ㄴ ㅂ (   )

- 농사를 짓는 사람을 뜻해요.

힌트를 읽고 어떤 말의 초성인지 ( ) 안에 써 보세요!

초성 ㅈㄱ ( )

- 우리가 사는 별을 가리키는 말이에요.
- 동그랗게 생겼어요.

초성 ㅅㅈ ㄷㅇ ( )

- 조선의 네 번째 왕이에요.
- 우리나라 글자인 한글을 만든 분이지요.

초성 ㅅㅎㄷ ( )

- 찻길에 설치된 장치예요.
- 빨간색, 노란색, 초록색 불이 들어와요.

초성을 잡아라!

문제 개미, 메뚜기, 파리, 나비, 벌 같은 동물을 뜻하는 말은 무엇일까요?

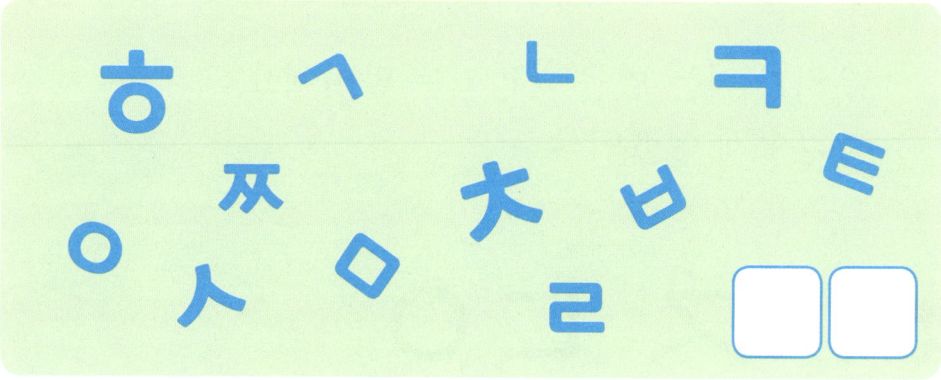

문제 거짓말을 하면 코가 길어지는 나무 인형 이야기를 다룬 동화책의 제목은 무엇일까요?

다음에 설명하는 낱말이
무엇인지 초성을 골라 ○를 하고,
□ 안에 정답을 적어 보세요!

문제 숫자를 서로 더해 계산하는 셈을
무엇이라고 부를까요?

문제 불을 끄는 직업을 가진 사람들을
무엇이라고 부를까요?

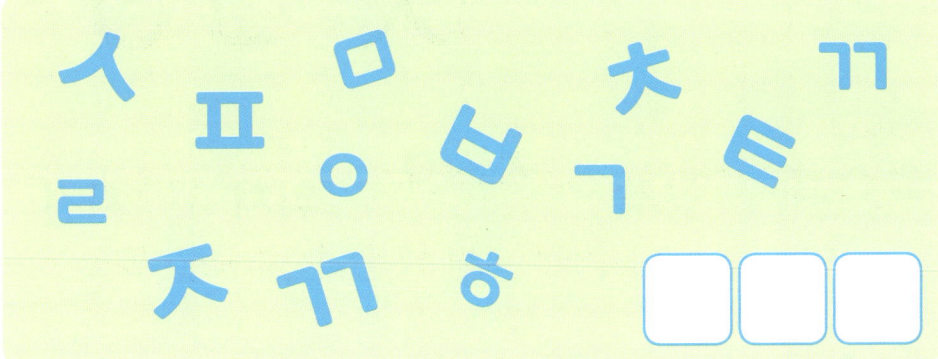

칙칙폭폭~ 끝말잇기!

초성 글자에 알맞은 낱말을 ( ) 안에 쓰면서 끝말잇기를 해 보세요!

*경우에 따라 초성 글자의 답이 여러 개일 수도 있어요.

가로세로 초성 낱말 퍼즐!

 가로 길잡이

1. 여러 곳을 돌아다니며 사정을 살피는 것을 뜻해요.
2. 조선 시대 왕이 살던 궁전 이름.
   서울시 종로구 세종로에 있어요.
5. 다니던 학교에서 다른 학교로 옮기는 것을
   뜻해요.

 세로 길잡이

1. 돼지 창자 속에 두부, 파, 당면 등을 넣어 만든
   음식. 분식집에서 많이 팔아요.
2. 나쁜 짓을 저지른 사람을 잡는 사람을 가리키는
   말이에요.
3. 기쁘고 만족한 상태를 뜻해요. 반대말은 불행.
4. 임금님이 사는 집. 같은 말은 궁궐.
6. 친구들과 함께 공부를 하는 곳이에요.

가로와 세로 길잡이 글을 잘 읽고 초성 낱말 퍼즐을 풀어 보세요.

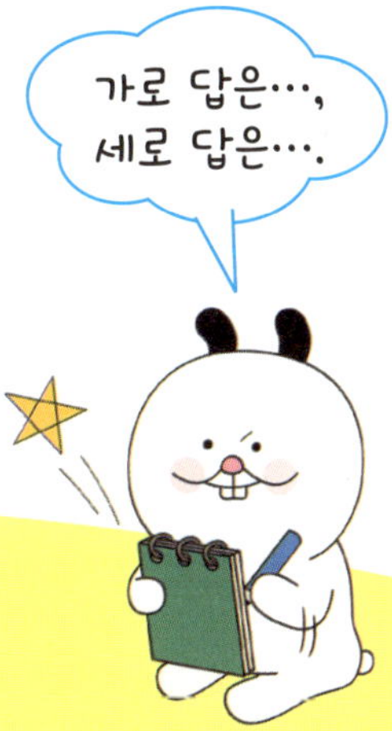

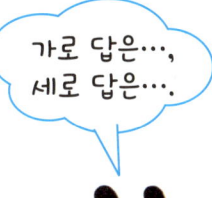
가로 답은…,
세로 답은….

( ) 안에 정답을 쏙!

초성 ㄱㅇㅈ ( )

- 겨울에 동물들이 활동을 멈추고 땅속에서 겨울을 지냄.
- 대표적인 동물로 개구리, 곰, 다람쥐 등이 있어요.

초성 ㅇㅊㅇ ( )

- 개구리의 어릴 때를 이것이라고 해요.
- 몸통이 둥글고 꼬리가 있어요.

초성 ㅇㅇㅈ ( )

- 위대한 사람의 삶과 업적을 담은 책이에요.
- 우리가 본받을 만한 내용이 담겨 있어요.

힌트를 읽고 어떤 말의 초성인지 ( ) 안에 써 보세요!

 ㅅㄱㅈㅇ ( )

- 연못이나 웅덩이 같은 물 위에 떠서 자유롭게 다니는 곤충이에요.

 ㅇㄷㄷ ( )

- 1년은 모두 몇 개의 달로 이뤄져 있을까요?

 ㅎㅂ ( )

- 우리나라의 고유한 옷이에요.
- 설날이나 추석처럼 명절에 주로 입어요.

재미 만점~ 사다리 타기!

생일에 친구들을 초대하기 위해 쓰는 편지는 무엇일까요?

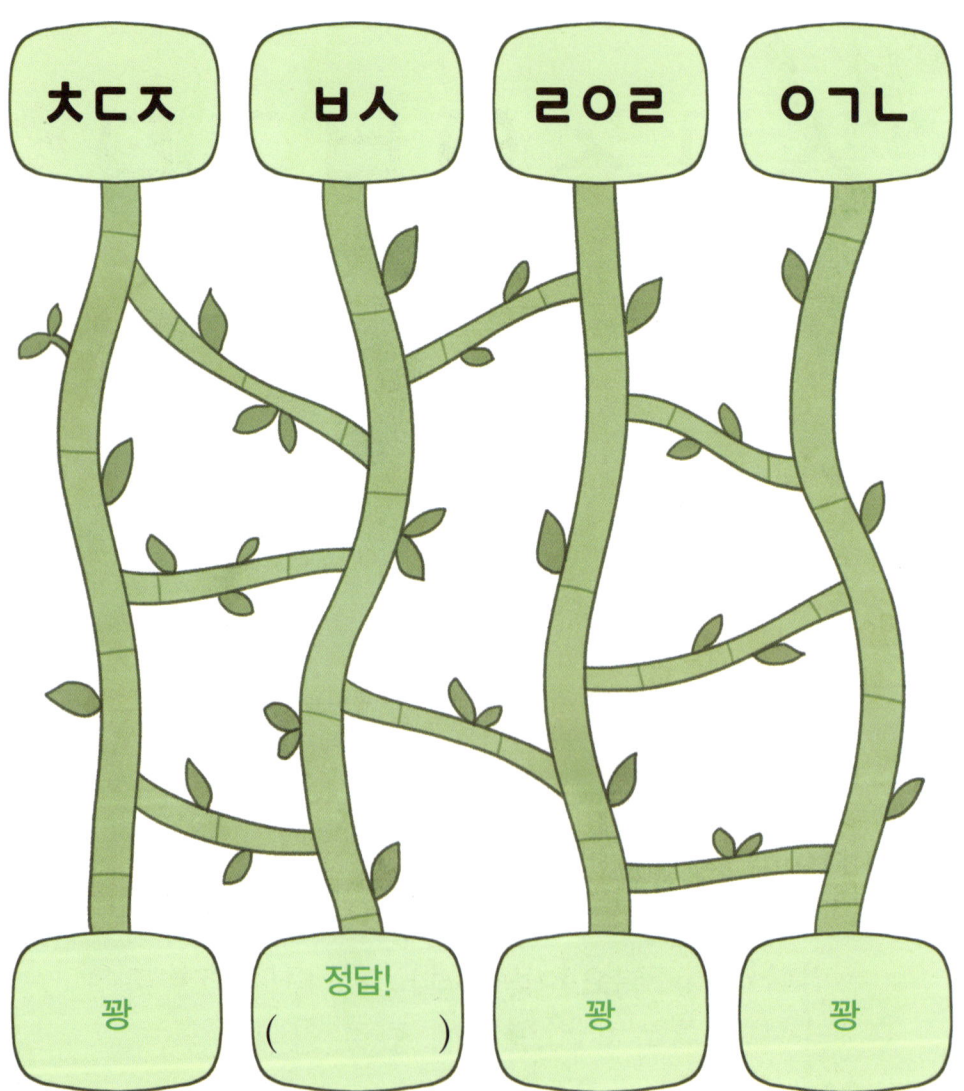

문제를 읽고 알맞은 초성을 고른 뒤 사다리를 타 보세요. 맞히면 정답!, 틀리면 꽝이 나와요. 사다리를 탄 뒤 (   ) 안에 정답을 적어 보세요!

💡 '나라를 사랑하는 노래'라는 뜻의 우리나라 국가는?

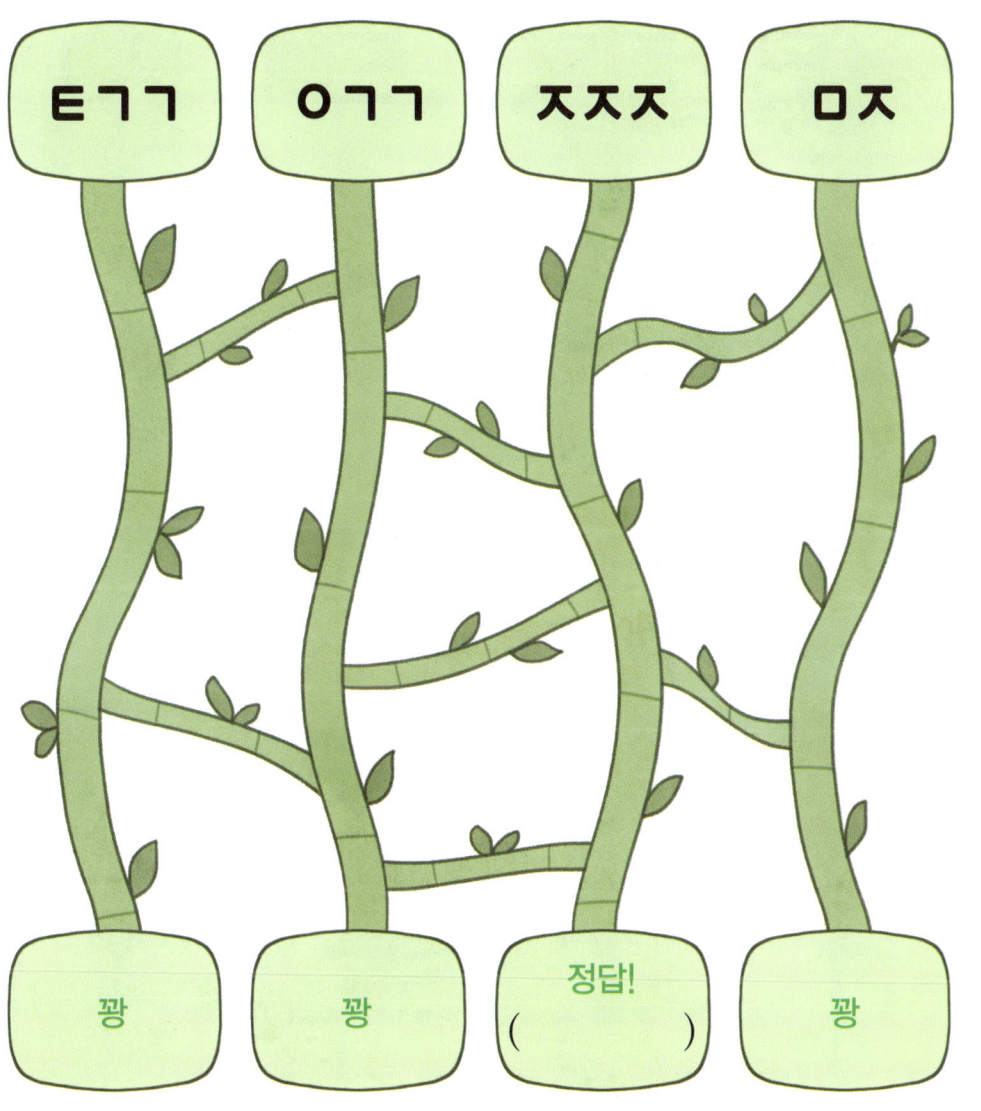

요리조리~ 미로 찾기!

ㅇㅇㄱㅈ
( )

미로를 찾아 도착한 곳에 초성 글자가 있어요.
초성 글자에 알맞은 낱말을 ( ) 안에 적어
보세요!

나 알지?

출발

도착

ㄱㅇㅈ
(   )

( ) 안에 정답을 쏙!

초성 ㄷㅎㅁㄱ ( )

- 우리나라를 부르는 이름이에요.

초성 ㅅㄱㅈ ( )

- 봄, 여름, 가을, 겨울을 가리키는 말이에요.

초성 ㅇㅈㅁ ( )

- 머리가 다치는 것을 막기 위해 쓰는 모자예요.
- 공사장이나 공장 등에서 일할 때 많이 쓰지요.

힌트를 읽고 어떤 말의 초성인지 ( ) 안에 써 보세요!

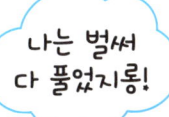

초성 ㄷㄴ ( )

- 사람들이 사는 집들이 모여 있는 곳을 뜻해요.
- 내가 사는 곳을 우리 ○○라고 하지요.

초성 ㅇㄹㅅ ( )

- 요리를 만드는 일을 직업으로 하는 사람을 뜻해요.
- 백종원 아저씨가 유명하지요.

초성 ㅂㅅㄱㅈ ( )

- 동화에 나오는 여자 주인공. 살결이 눈처럼 하얘요.
- 못된 계모를 피해 일곱 난쟁이와 살았어요.

재미 만점~ 사다리 타기!

💡 사람들 사이에 전해 내려오는 놀이를 뜻하는 말은?

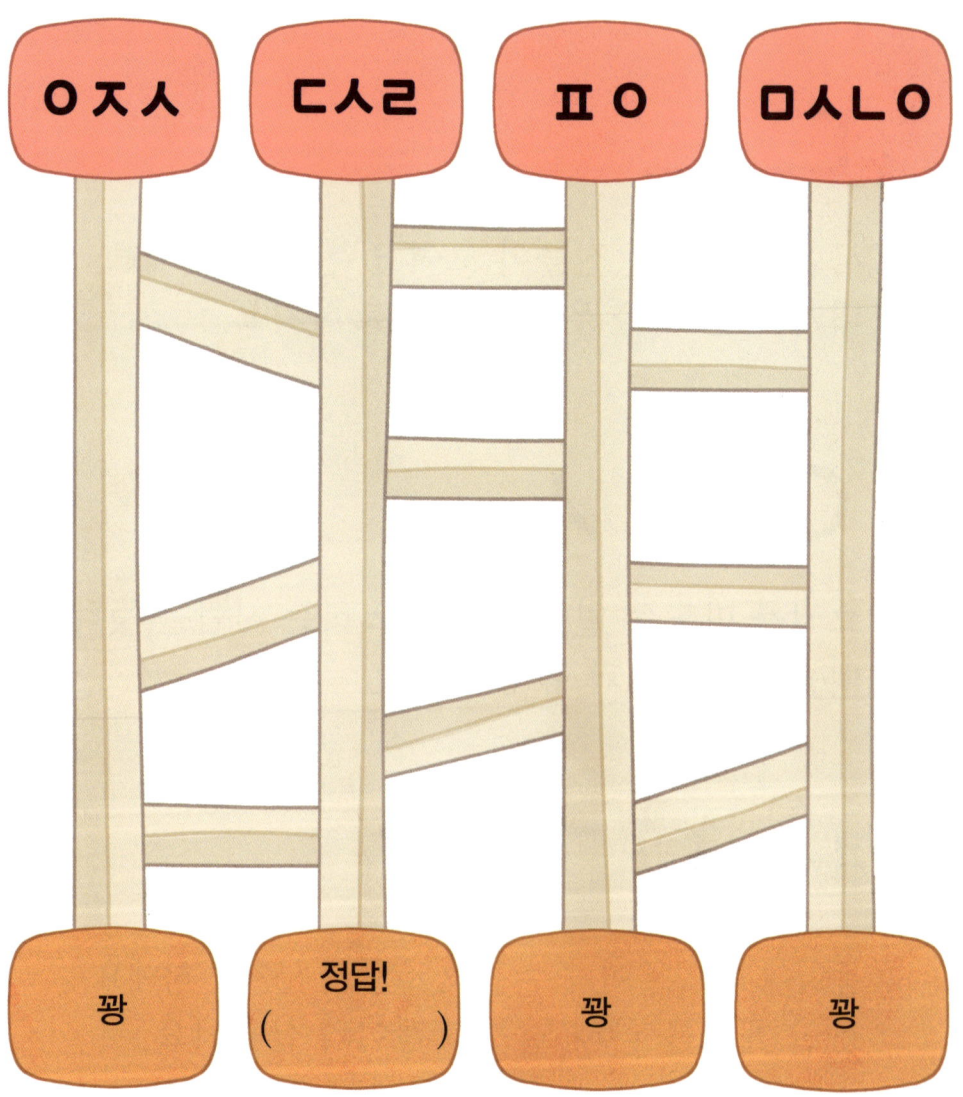

문제를 읽고 알맞은 초성을 고른 뒤 사다리를 타 보세요. 맞히면 정답!, 틀리면 꽝이 나와요. 사다리를 탄 뒤 (   ) 안에 정답을 적어 보세요!

💡 옛이야기 「○○와 놀부」에서 ○○에 들어갈 말은?

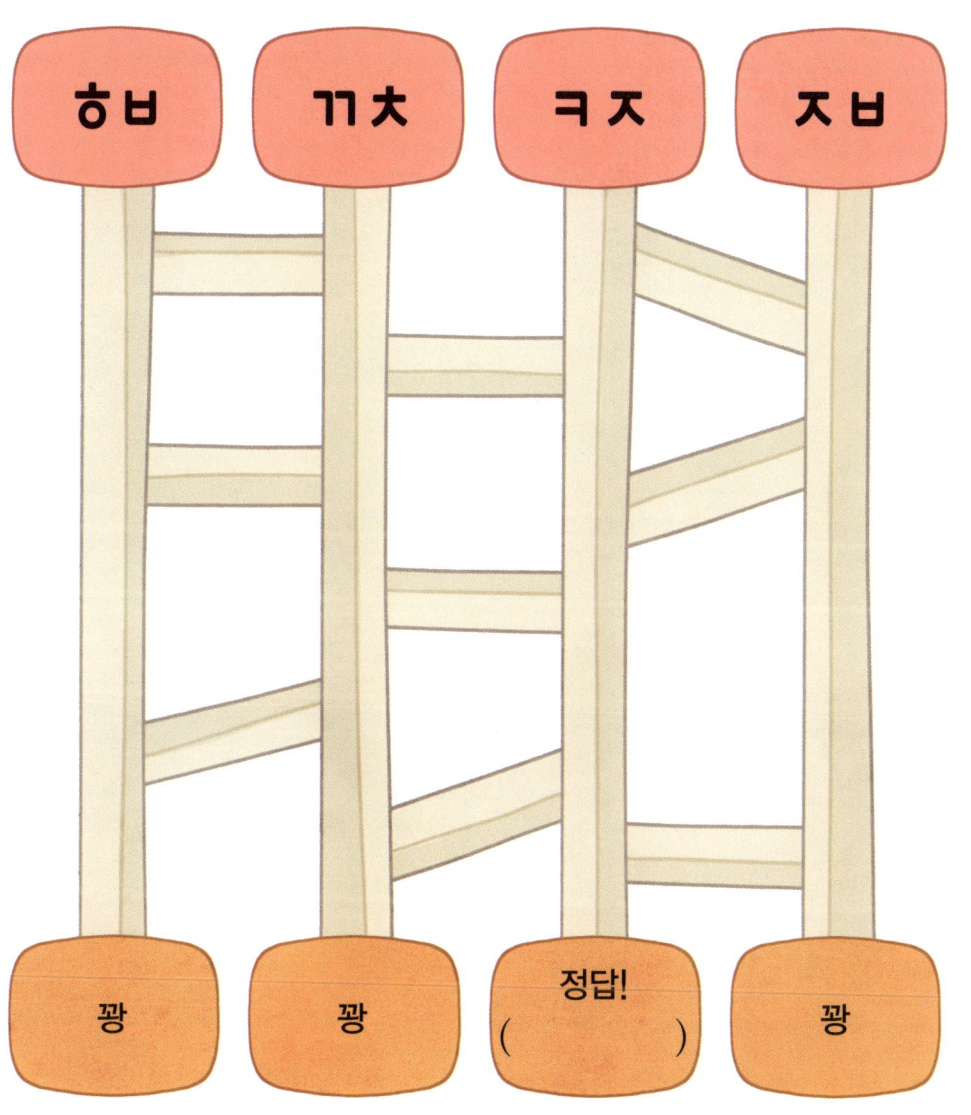

요리조리~ 미로 찾기!

출발
이번 미로의 주인공은 나!

도착

ㄴㅅㄹ(   )

미로를 도착한 곳에 초성 글자가 있어요.
초성 글자에 알맞은 낱말을 ( ) 안에
적어 보세요!

시원하고 달콤해!

출발

도착

ㅇㅇㅅㅋㄹ

(   )

3장 속담왕

이 되는
초성 게임

속담 초성 게임!

초성 아이 보는 데서는 ㅊㅁ도 못 마신다

정답 (   )

초성 ㄱㅂㅇ도 구르는 재주가 있다

정답 (   )

초성 낫 놓고 ㄱㅇ 자도 모른다

정답 (   )

속담을 읽고 초성 글자에 알맞은 말을 (   ) 안에 써 보세요!

속담 초성 게임 도전!

초성 불난 데 ㅂㅊㅈ한다

정답 (   )

초성 ㅍ은 칼보다 강하다

정답 (   )

초성 열 손가락 깨물어 안 아픈 ㅅㄱㄹ 없다

정답 (   )

초성을 잡아라!

문제 성격이 급하여 당장 해치우려 하는 행동을 이르는 속담이에요. 번갯불에 (　　　) 볶아 먹는다

문제 항상 말을 조심해야 한다는 속담이에요.
낮말은 (　　)가 듣고 밤말은 (　　)가 듣는다

속담에 담긴 뜻을 잘 읽은 뒤 (   ) 안에 들어갈 말의 초성을 골라 ○를 하고, □ 안에 정답을 적어 보세요!

문제 아무리 좋은 사람도 너무 함부로 하면 가만 있지 않는다는 속담이에요. (   )도 밟으면 꿈틀한다

문제 전혀 생각지도 않았는데 갑자기 뭔가가 나타날 때 쓰는 속담이에요. 아닌 (   )중에 (   )

71

속담 초성 게임!

초성 남의 ㄸ이 더 커 보인다

정답 (　　　　　　　　)

초성 달면 ㅅㅋㄱ 쓰면 뱉는다

정답 (　　　　　　　　)

초성 얌전한 고양이가 ㅂㄸㅁ에 먼저 올라간다

정답 (　　　　　　　　)

속담을 읽고 초성 글자에 알맞은 말을 (   ) 안에 써 보세요!

초성 소 잃고 ㅇㅇㄱ 고친다

정답 (   )

초성 천 리 길도 한 ㄱㅇ부터

정답 (   )

초성 계란으로 ㅂㅇ 치기

정답 (   )

재미 만점~ 사다리 타기!

💡 지은 죄가 있으면 자연히 마음이 조마조마해진다는 속담은?

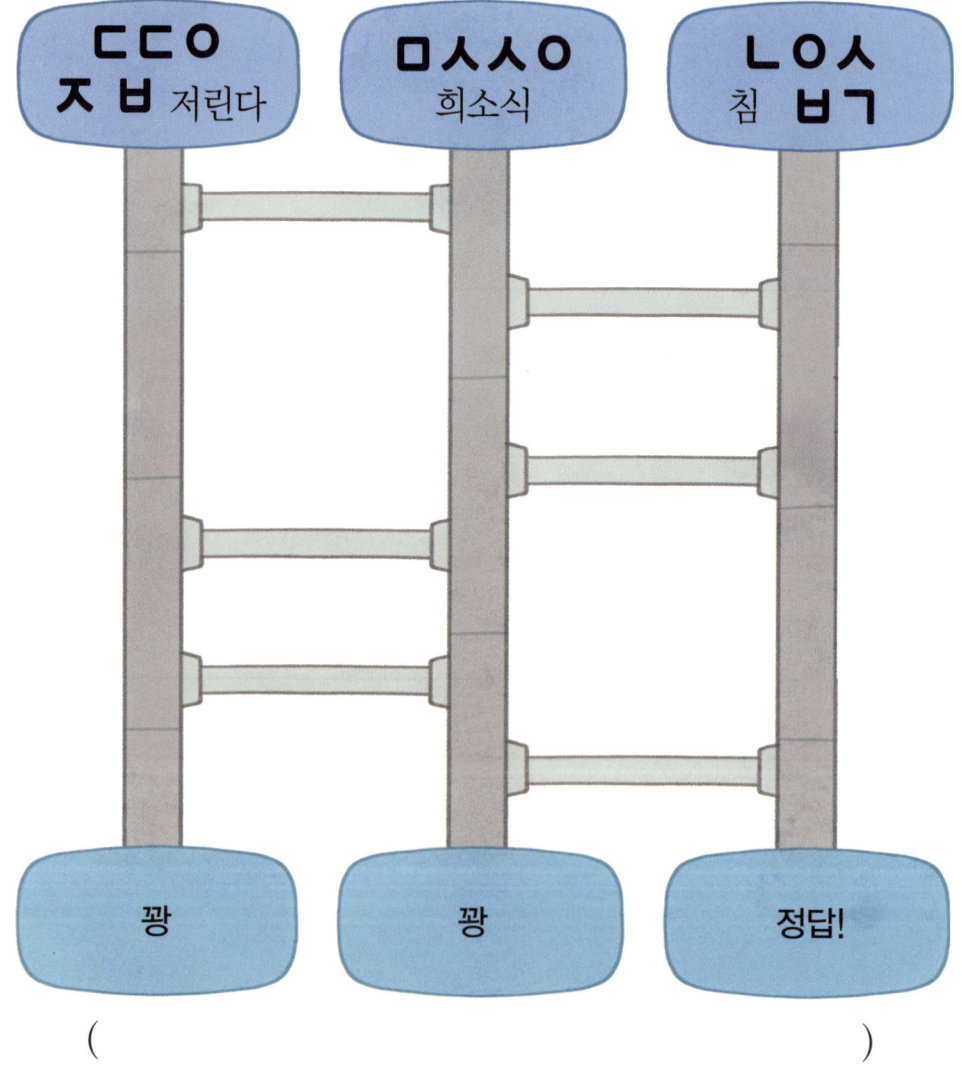

( )

문제를 읽고 알맞은 초성을 고른 뒤 사다리를 타 보세요. 맞히면 정답!, 틀리면 꽝이 나와요. 사다리를 탄 뒤 (   ) 안에 완전한 속담을 적어 보세요!

💡 아무리 열심히 가르쳐 주어도 알아듣지 못한다는 뜻이에요.

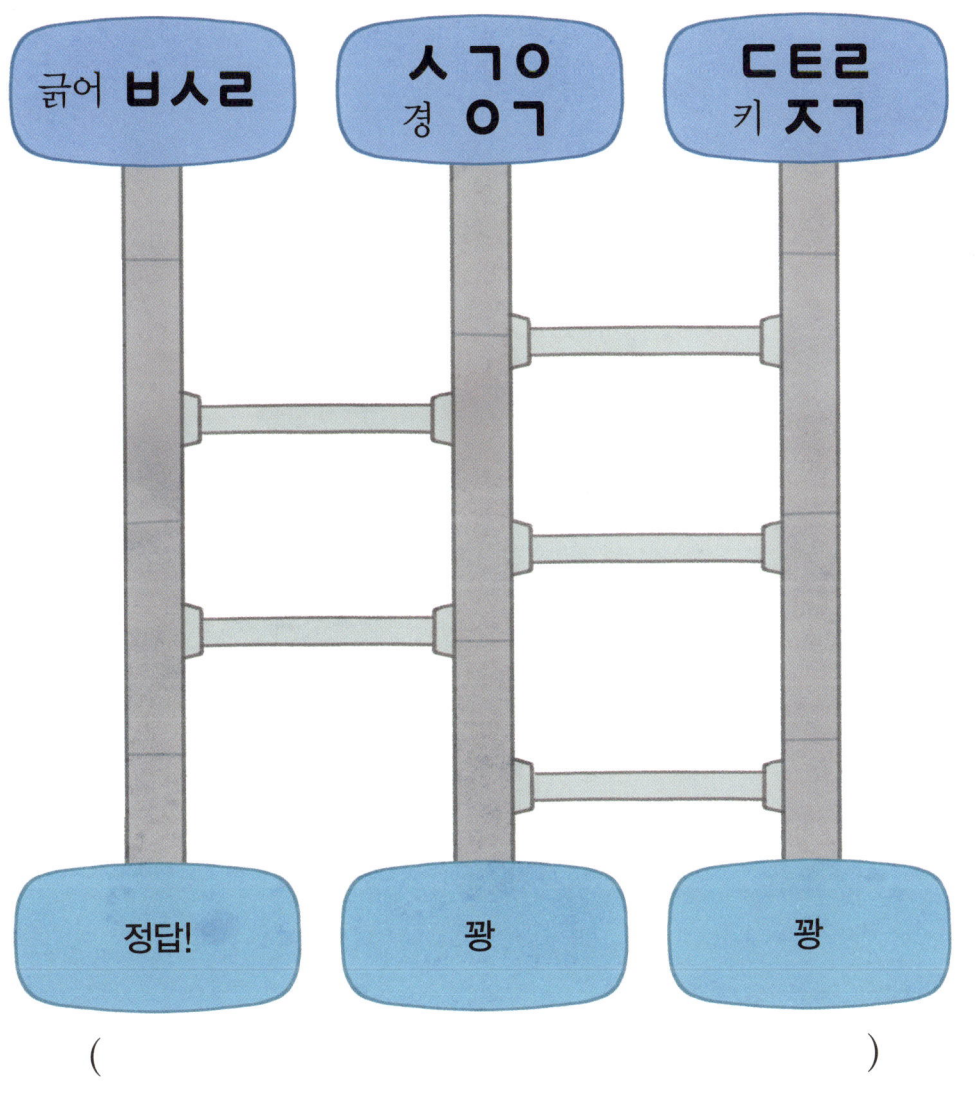

(   )

속담 초성 게임!

초성 아는 ㄱ 도 물어가라

정답 (　　　　　　　　)

초성 ㄷㅈ 밑이 어둡다

정답 (　　　　　　　　)

초성 발 없는 말이 ㅊㄹ 간다

정답 (　　　　　　　　)

속담을 읽고 초성 글자에 알맞은 말을 ( ) 안에 써 보세요!

초성 믿는 도끼에 ㅂㄷ 찍힌다

정답 (   )

초성 ㅂㅈㅈ도 맞들면 낫다

정답 (   )

초성 배보다 ㅂㄲ이 더 크다

정답 (   )

요리조리~ 미로 찾기!

ㄷ 쫓던　ㄱ　ㅈㅂ 쳐다본다
( )　( )( )

미로를 찾아 도착한 곳에 초성 글자가 있어요.
초성 글자에 알맞은 낱말을 ( ) 안에 적어 보세요!

ㅇㅁ 안 ㄱㄱㄹ
(   )   (   )

속담 초성 게임!

초성 ㅇ ㅂ 찍어 안 넘어가는 ㄴ ㅁ 없다

정답 (   )   (   )

초성 ㅋ 심은 데 콩 나고 ㅍ 심은 데 팥 난다

정답 (   )   (   )

초성 ㅂㄴ 가는 데 ㅅ 간다

정답 (   ) (   )

속담을 읽고 초성 글자에 알맞은 말을 (　) 안에 써 보세요!

초성 ㅎㄹㅇ에게 물려가도 ㅈㅅ만 바짝 차리면 된다.

정답 (　　　)　　(　　　　)

초성 ㅂㄱ 뀐 놈이 ㅅ낸다

정답 (　　　)　(　　　)

초성 ㄱㄴ 말이 ㄱㅇㅇ 오는 ㅁ이 곱다

정답 (　　)　(　　　)　(　　　)

초성을 잡아라!

문제 여러 사람이 자기 주장만 내세우면 일이 제대로 되기 어렵다는 뜻의 속담.
(　　)이 많으면 (　)가 산으로 간다

문제 원인이 있기 때문에 그에 따른 결과가 생긴다는 속담. 아니 땐 (　　)에 연기 날까

속담에 담긴 뜻을 잘 읽은 뒤 ( ) 안에 들어갈 말의 초성을 골라 ○를 하고, □ 안에 정답을 적어 보세요!

문제 같은 값이면 좀 더 좋은 것을 선택한다는 뜻의 속담.
이왕이면 ( )

문제 다른 사람 덕분에 나까지 좋은 일이 생긴다는 뜻의 속담. 원님 덕에 ( ) 분다

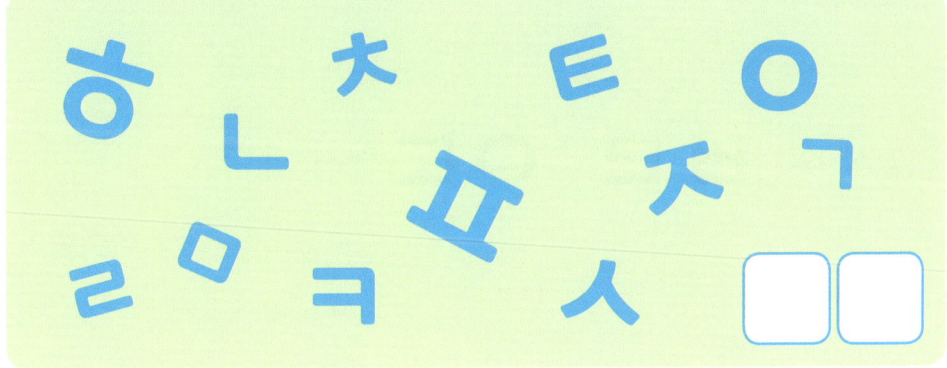

속담 초성 게임!

초성 개구리 ㅇㅊㅇ 적 ㅅㄱ 못한다

정답 (   ) (   )

초성 ㅂ 주고 ㅇ 준다

정답 (   ) (   )

초성 세 살 ㅂㄹ ㅇㄷ 까지 간다

정답 (   ) (   )

속담을 읽고 초성 글자에 알맞은 말을
(   ) 안에 써 보세요!

간식 좀 먹고 시작할게!

초성 식은 ㅈ 먹기

정답 (   )

초성 작은 ㄱㅊ가 더 ㅁㄷ

정답 (   ) (   )

초성 될성부른 ㄴㅁ는 ㄸㅇ부터 알아본다

정답 (   ) (   )

재미 만점~ 사다리 타기!

💡 무슨 일이든 가만히 있는 것보다는 원하는 만큼 표현하고 노력해야 좋은 결과를 얻을 수 있다는 뜻의 속담은?

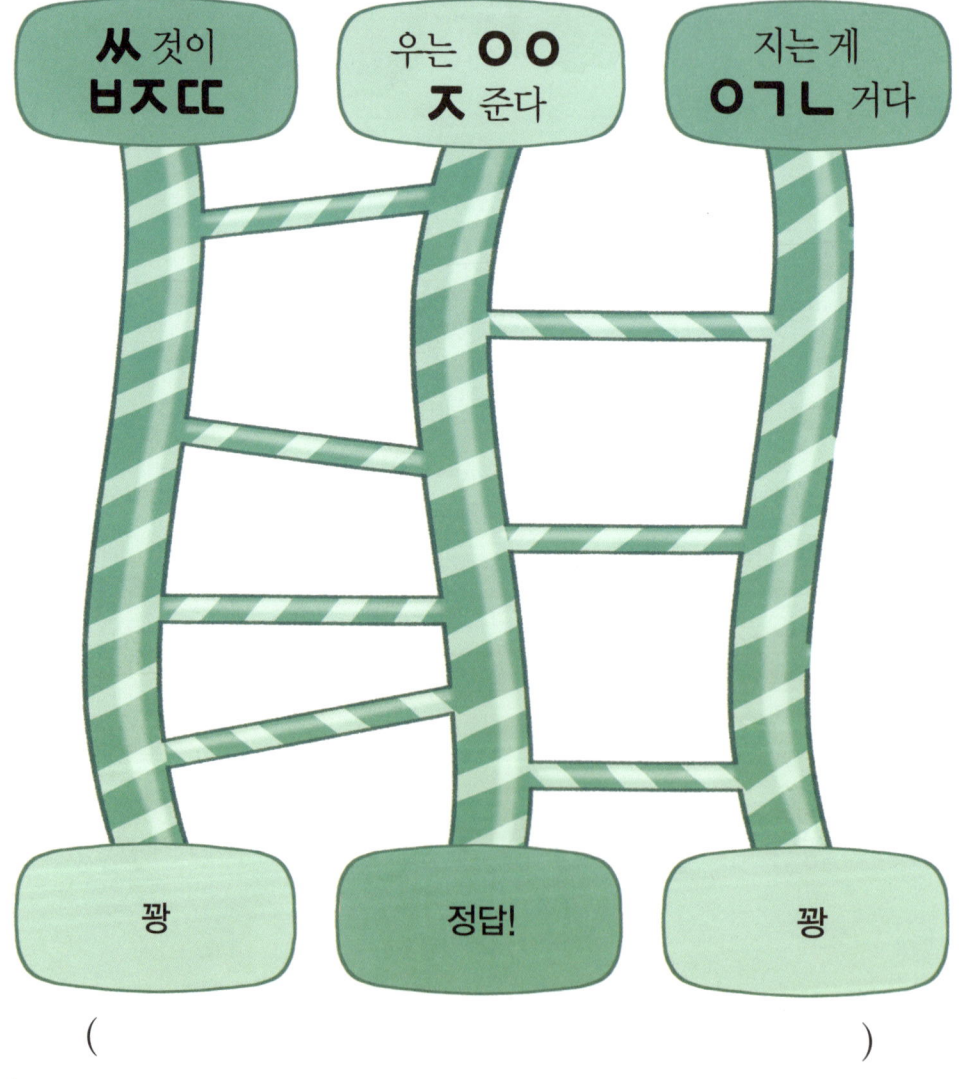

(   )

문제를 읽고 알맞은 초성을 고른 뒤 사다리를 타 보세요. 맞히면 정답!, 틀리면 꽝이 나와요. 사다리를 탄 뒤 ( ) 안에 완전한 속담을 적어 보세요!

💡 작은 것이라도 모이면 큰 것이 된다는 뜻의 속담은?

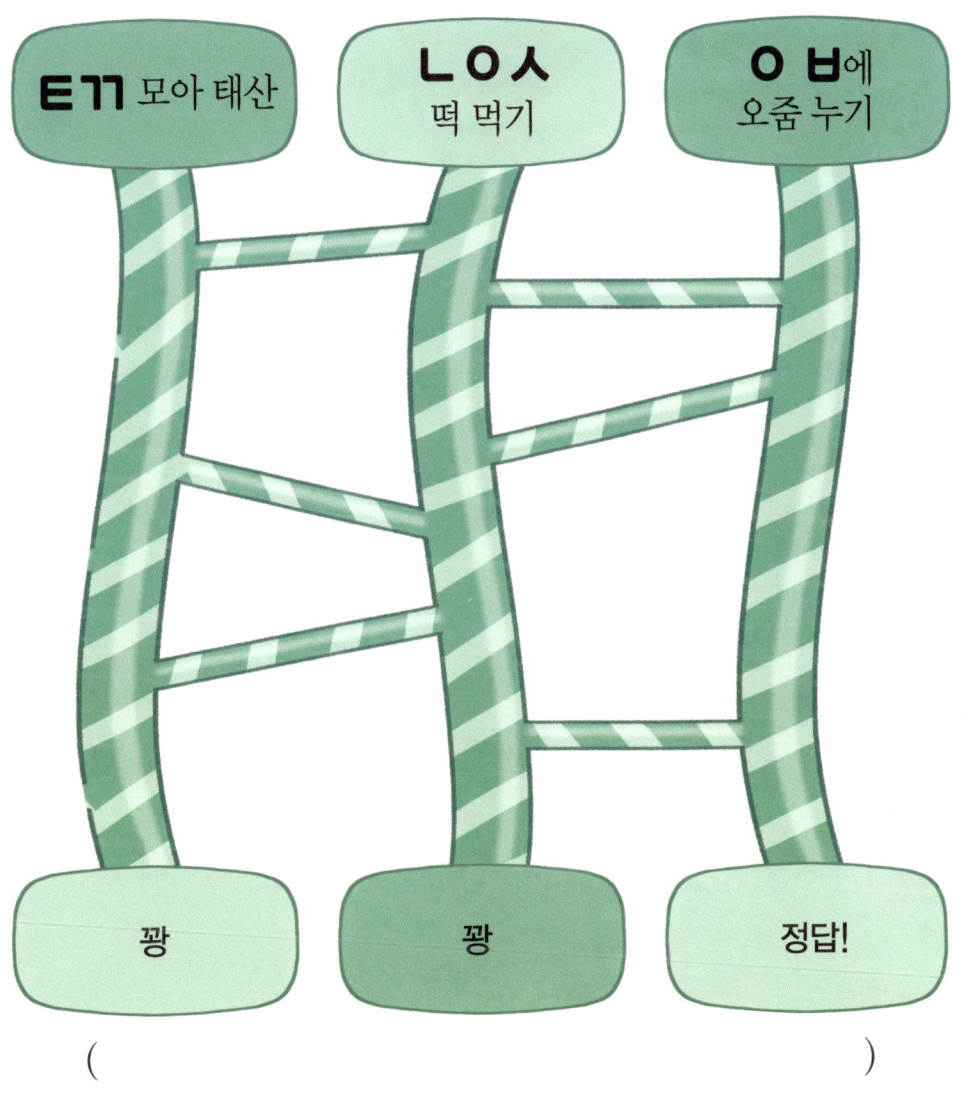

(　　　　　　　　　　　　　　　　　　　)

속담 초성 게임!

초성 도토리 ㅋ ㅈㄱ

정답　(　　)(　　　)

초성 내 얼굴에 ㅊ ㅂㄱ

정답　　(　　　)(　　　　)

초성 가랑잎이 ㅅㅇ더러 ㅂㅅㄹ거린다고 한다

정답　　(　　　　)(　　　　　)

속담을 읽고 초성 글자에 알맞은 말을
( ) 안에 써 보세요!

초성 가재는 ㄱ 편

정답 ( )

초성 엎어지면 ㅋ 닿을 데

정답 ( )

초성 땅 ㅈㄱ ㅎㅇ 치기

정답 ( ) ( )

초성을 잡아라!

문제 강한 사람의 싸움이 약한 사람에게 피해를 준다는 뜻이에요. 고래 싸움에 (　　) 등 터진다

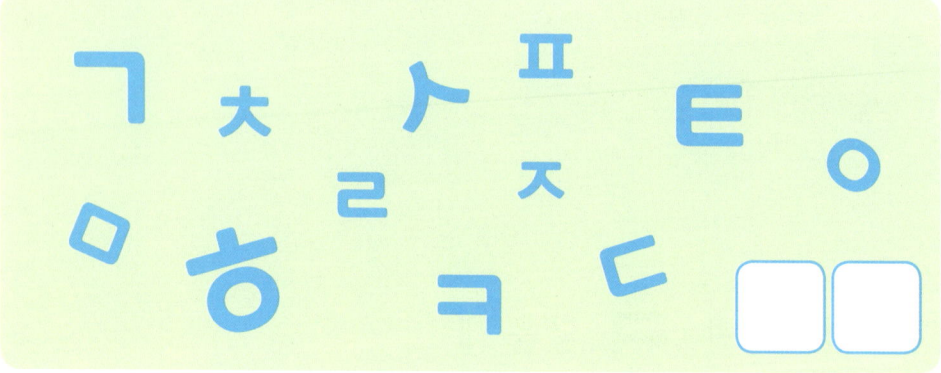

문제 무슨 일이든 깊게 생각하고 신중하게 행동해야 한다는 뜻이에요. (　　)도 두드려 보고 건너라

속담에 담긴 뜻을 잘 읽은 뒤 ( ) 안에 들어갈 말의 초성을 골라 ○를 하고, □ 안에 정답을 적어 보세요!

문제 위급한 일을 당하면 무엇이든 붙잡고 늘어진다는 뜻이에요. ( )에 빠지면 ( )라도 잡는다.

문제 미운 사람일수록 잘해주어야 한다는 뜻이에요. 미운 ( ) ( ) 하나 더 준다.

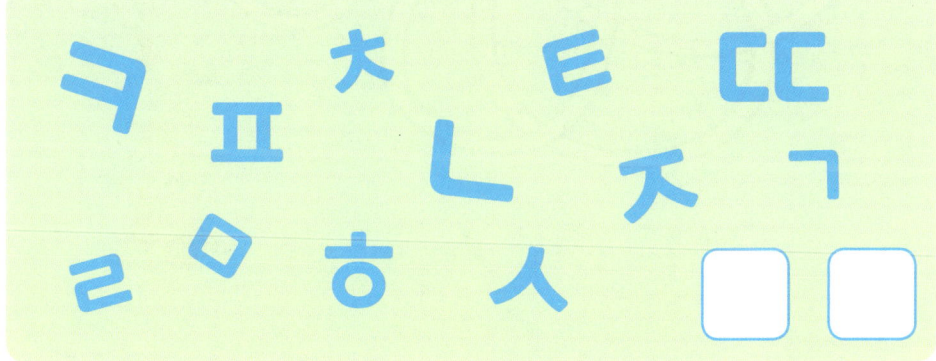

요리조리~ 미로 찾기!

미로를 찾아 도착한 곳에 초성 글자가 있어요.
초성 글자에 알맞은 낱말을 ( ) 안에 적어 보세요!

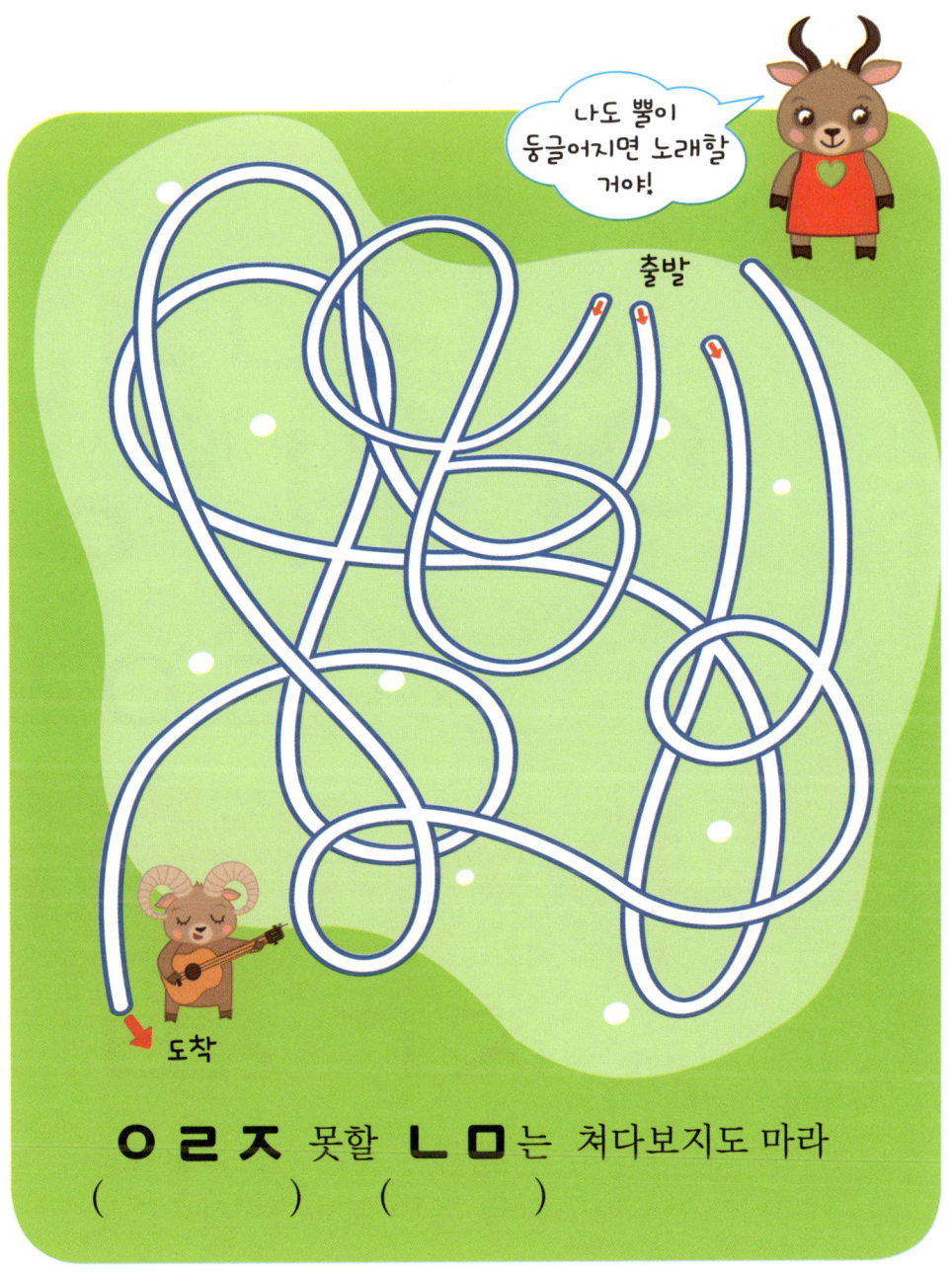

ㅇㄹㅈ 못할 ㄴㅁ는 쳐다보지도 마라
(   )   (   )

4장 어휘왕

( ) 안에 정답을 쏙!

초성 ㅍㅇㄴ ( )

- 검은 건반과 흰 건반을 눌러 소리를 내는 악기예요.

초성 ㅊㅅ ( )

- 우리나라의 4대 명절 가운데 하나예요.
- 이날 송편을 먹고 보름달을 보며 소원을 빌어요.

힌트를 읽고 어떤 말의 초성인지 ( ) 안에 써 보세요!

 ㅈㅌ ( )

- 다른 사람이 잘되는 걸 보고 샘을 내거나 미워하는 감정이에요.

 ㅇㅎㅅ ( )

- 학교에서 진행하는 1학년 신입생 환영 행사를 가리키는 말이에요.

초성을 잡아라!

문제 학교 같은 곳에서 점심시간에 식사를 제공하는 것을 무엇이라고 할까요?

문제 여러 사람이 다 같이 지키기로 약속한 법칙을 무엇이라고 할까요?

다음에 설명하는 낱말이 무엇인지 초성을 골라 ○를 하고, □ 안에 정답을 적어 보세요!

문제 화재나 지진 등 사고가 발생했을때 피할 수 있도록 만들어 놓은 출입구를 무엇이라고 할까요?

문제 수업에 필요해서 미리 준비해 놓는 물건을 무엇이라고 부를까요?

초성 글자에 알맞은 낱말을 (   ) 안에 쓰면서 끝말잇기를 해 보세요!

*경우에 따라 초성 글자의 답이 여러 개일 수도 있어요.

가로세로 초성 낱말 퍼즐!

🏷️ 가로 길잡이

2 내가 태어난 날을 뜻해요.

3 여러 가지 물건을 사고파는 곳이에요.

4 친하게 지내는 사람을 부르는 말이에요.

6 무슨 일을 할 때 차례를 말해요.

🏷️ 세로 길잡이

1 나보다 늦게 우리 엄마, 아빠에게서 태어난 사람을 가리키는 말이에요.

3 시간을 알려 주는 물건이에요.

5 뚫어지거나 파낸 자리를 뜻해요.

7 책을 읽는 걸 뜻하는 말이에요.

가로와 세로 길잡이 글을 잘 읽고 초성 낱말 퍼즐을 풀어 보세요.

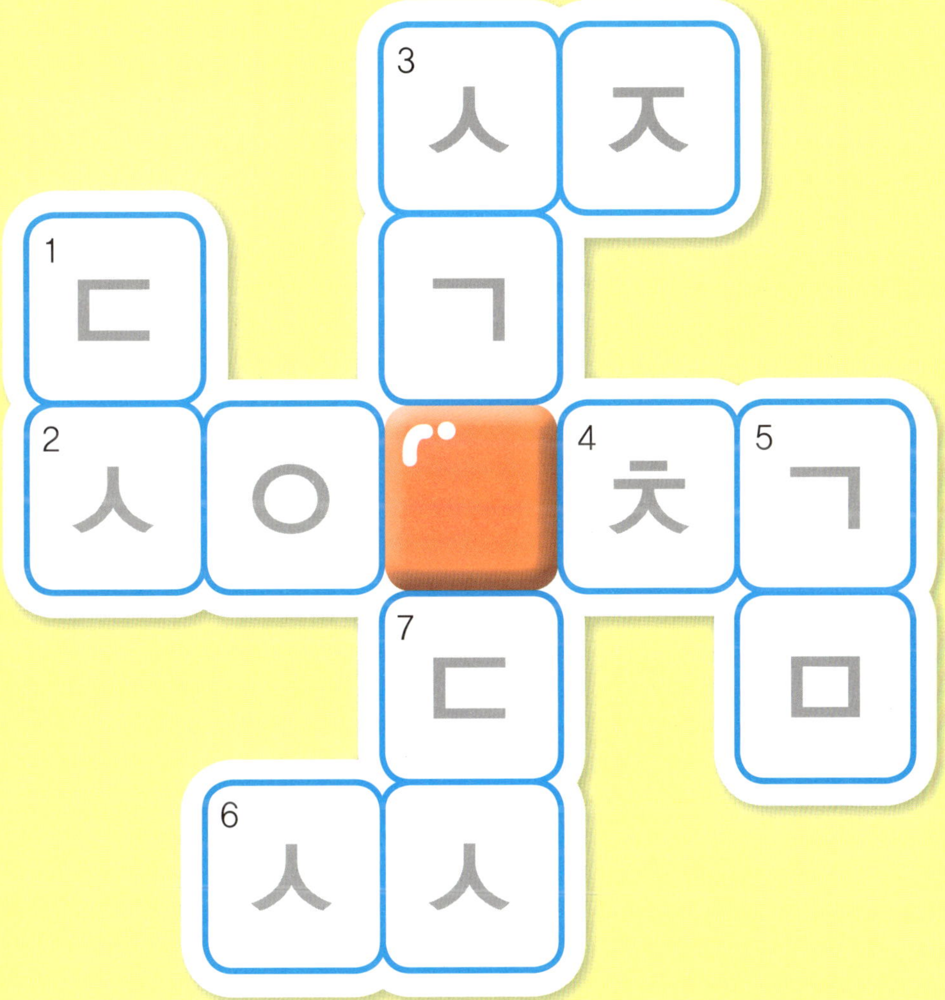

( ) 안에 정답을 쏙!

초성 ㄱㅅㅍ()

- 여러 사람에게 어떤 소식을 알리기 위해 내용을 붙여 놓은 판을 부르는 말이에요.

초성 ㅇㄱ()

- 사람들이 찻길을 안전하게 건널 수 있도록 공중으로 건너질러 놓은 다리를 뜻해요.

힌트를 읽고 어떤 말의 초성인지 ( ) 안에 써 보세요!

 ㅂㅍ ( )

- 내 생각이나 알고 있는 사실을 사람 앞에서 말하는 걸 뜻해요.
- 수업 시간에 선생님께서 종종 이걸 시켜요.

초성 ㅇㄲㄷㅁ ( )

- 다른 사람 어깨에 서로 팔을 얹어 끼는 걸 뜻해요.

초성을 잡아라!

문제 농사짓는 일꾼이라는 뜻으로, '농부'라고도 해요.

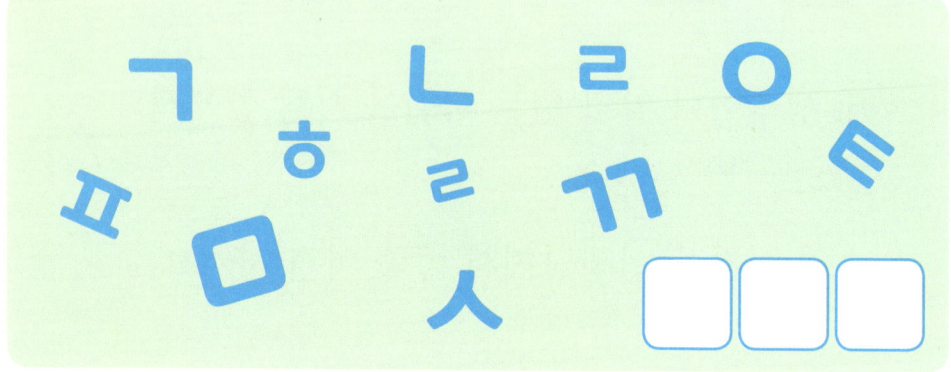

문제 앞으로 할 일을 미리 생각해 놓는 것을 뜻하는 말이에요. 방학 때 보통 생활 ○○표를 짜지요.

다음에 설명하는 낱말이 무엇인지 초성을 골라 ○를 하고, □ 안에 정답을 써 보세요!

문제 여러 동물을 볼 수 있도록 시설을 갖춰 놓은 곳을 무엇이라고 부를까요?

문제 시의 분위기를 생각하며 시를 소리 내어 읽는 걸 뜻하는 말은 무엇일까요?

칙칙폭폭~ 끝말잇기!

초성 글자에 알맞은 낱말을 ( ) 안에 쓰면서 끝말잇기를 해 보세요!

*경우에 따라 초성 글자의 답이 여러 개일 수도 있어요.

신체 — ㅊㅎㅎㅅ ( ) — 습관 — 관절염 — ㅇㅅ ( )

높임말 — ㅁㅆㅈㅇ ( ) — 이리 — ㄹㅇㅋ ( ) — 카센터

기분 — ㅂㅅㄷ ( ) — 대장장이 — ㅇㅃ ( ) — 빨래

가로세로 초성 낱말 퍼즐!

 가로 길잡이

1 사람의 성 다음에 붙여 다른 사람과 구별해 부르는 말이에요. 누군가를 처음 만나면 보통 이것부터 소개해요.

2 두 발을 번갈아 옮겨 놓는 동작을 뜻해요.

5 옛날의 교통수단으로, 한 사람이 안에 타고 넷이 들던 탈것을 부르는 말이에요.

6 종이나 머리카락 같은 걸 자를 때 쓰는 도구예요.

 세로 길잡이

1 새벽 같은 때에 나뭇잎에 살짝 맺히는 물방울을 부르는 말이에요.

3 목소리나 악기로 표현하는 예술을 뜻해요.

4 회사에서 얼마 동안 쉬는 걸 뜻해요. 여름 ○○.

7 아주 큰 돌을 부르는 말이에요.

가로와 세로 길잡이 글을 잘 읽고
초성 낱말 퍼즐을 풀어 보세요.

1 ㅇ	ㄹ		2 ㄱ	3 ㅇ
ㅅ				ㅇ
4 ㅎ				7 ㅂ
5 ㄱ	ㅁ		6 ㄱ	ㅇ

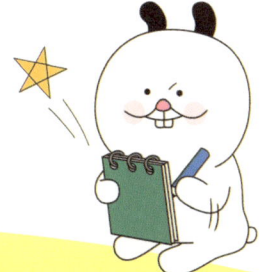

재미 만점~ 사다리 타기!

💡 롤러코스터, 회전목마 등 여러 가지 놀이 기구가 모여 있는 곳이에요. 어디일까요?

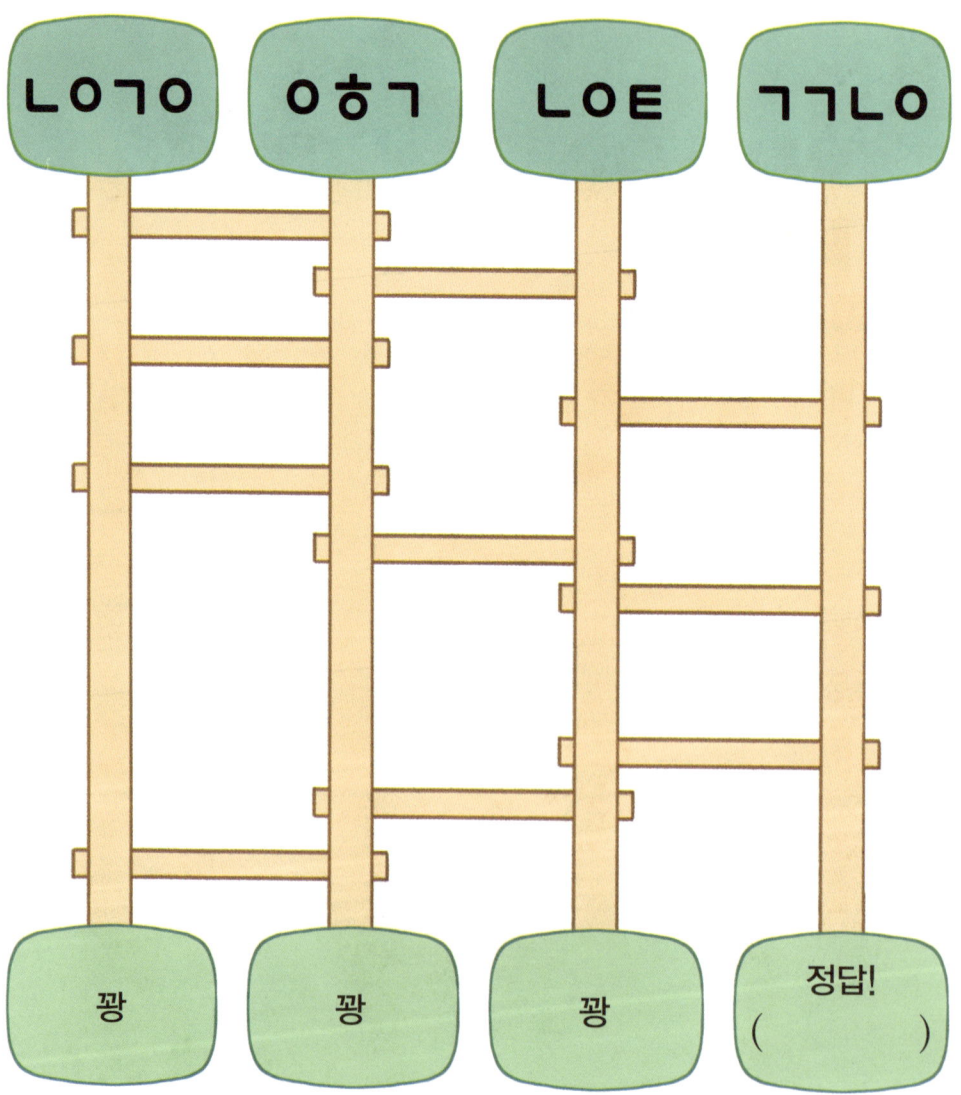

문제를 읽고 알맞은 초성을 고른 뒤 사다리를 타 보세요. 맞히면 정답!, 틀리면 꽝이 나와요. 사다리를 탄 뒤 (   ) 안에 정답을 적어 보세요!

💡 학교나 학원에서 공부를 가르쳐 주는 분을 무엇이라고 부를까요?

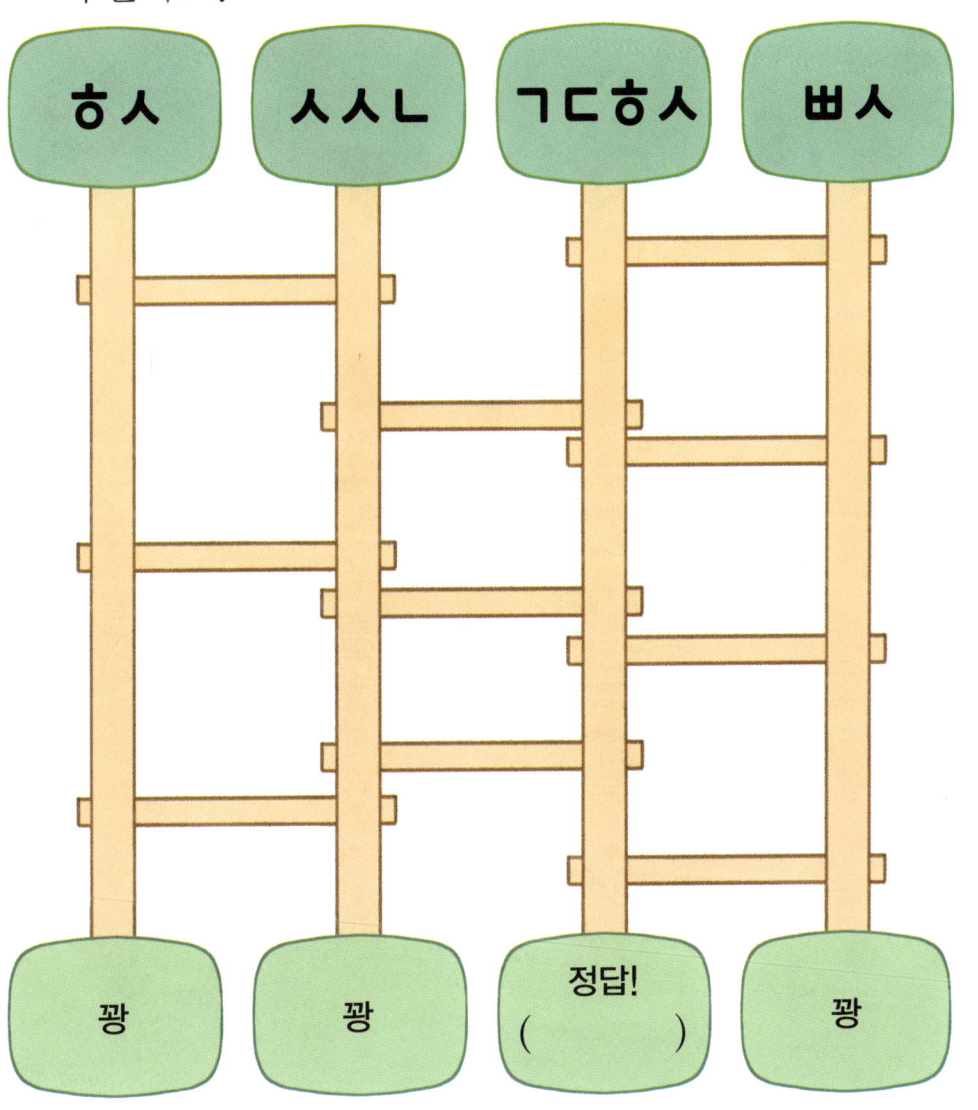

요리조리~ 미로 찾기!

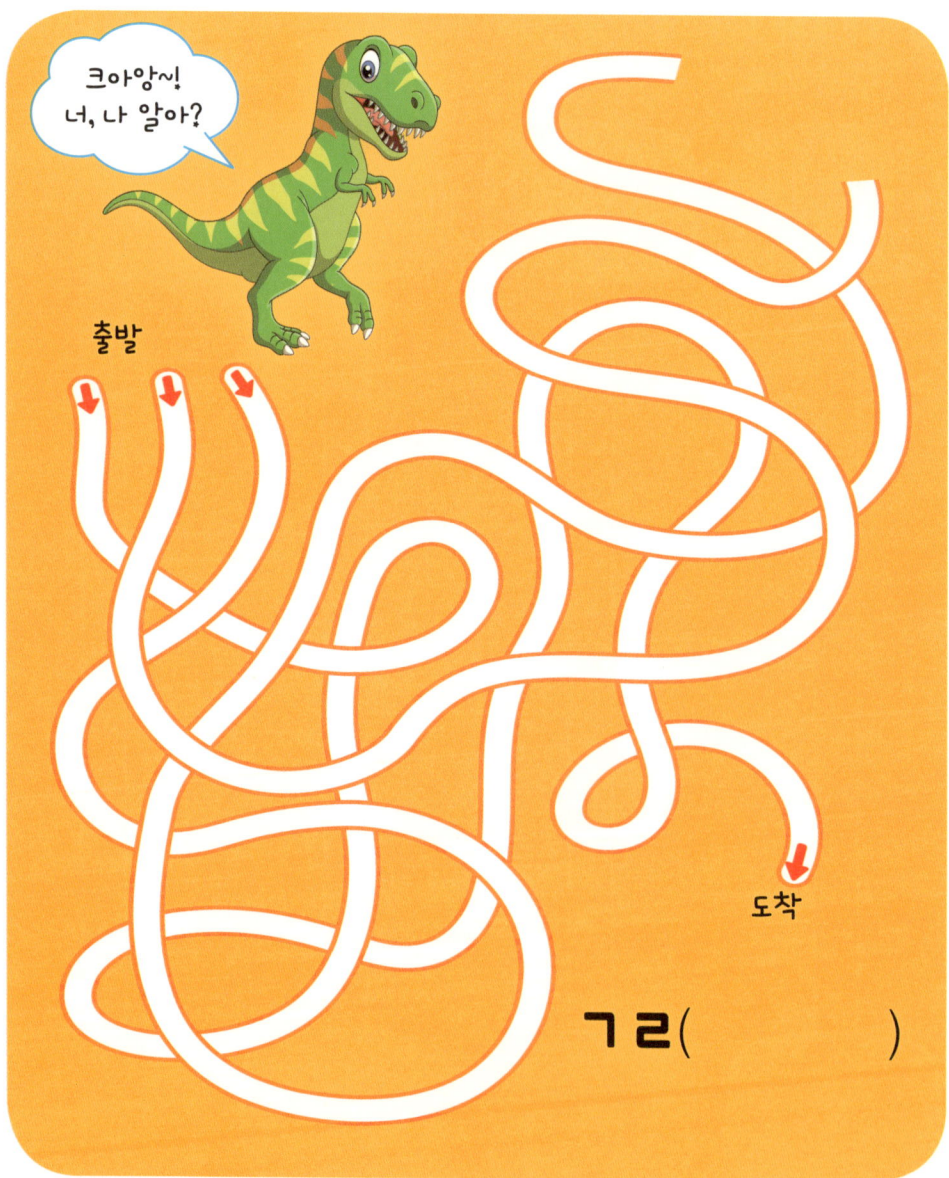

ㄱㄹ(   )

미로를 찾아 도착한 곳에 초성 글자가 있어요.
초성 글자에 알맞은 낱말을 ( ) 안에 써 보세요!

ㅍㅇ(   )

( ) 안에 정답을 쏙!

초성 ㅇㄱㅇㄱ ( )

- 느리게 걷거나 기는 모양을 뜻해요.
- 거북이가 기어가는 모양을 이렇게 표현해요.

초성 ㅈㄹㅈㄹ ( )

- 열매 따위가 많이 달려 있는 모양을 뜻해요.
- 사과나 배, 감 등이 이렇게 열렸다고 하지요.

힌트를 읽고 어떤 말의 초성인지 (　) 안에 써 보세요!

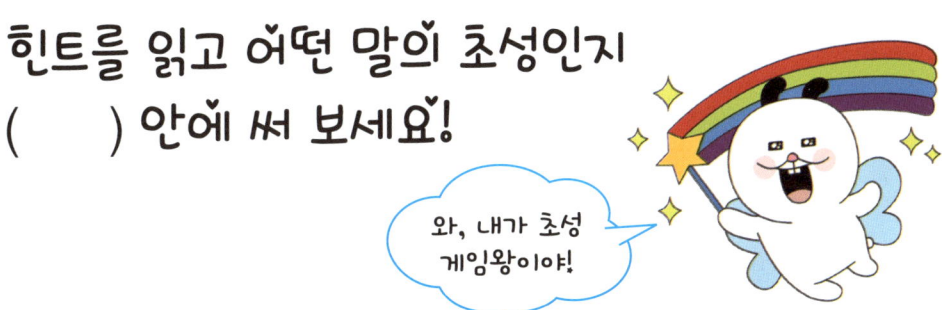

초성 ㅈㄹㅎㅁ (　　　　　)

- 나중에 커서 하고 싶은 일에 대한 희망을 가리켜요.

초성 ㅂㅁㄱ (　　　　　)

- 역사적인 유물이나 예술품 등을 모아 놓고 전시하는 곳을 가리켜요.

재미 만점~ 사다리 타기!

💡 새로 돋아나는 싹을 뜻하는 말은 무엇일까요?

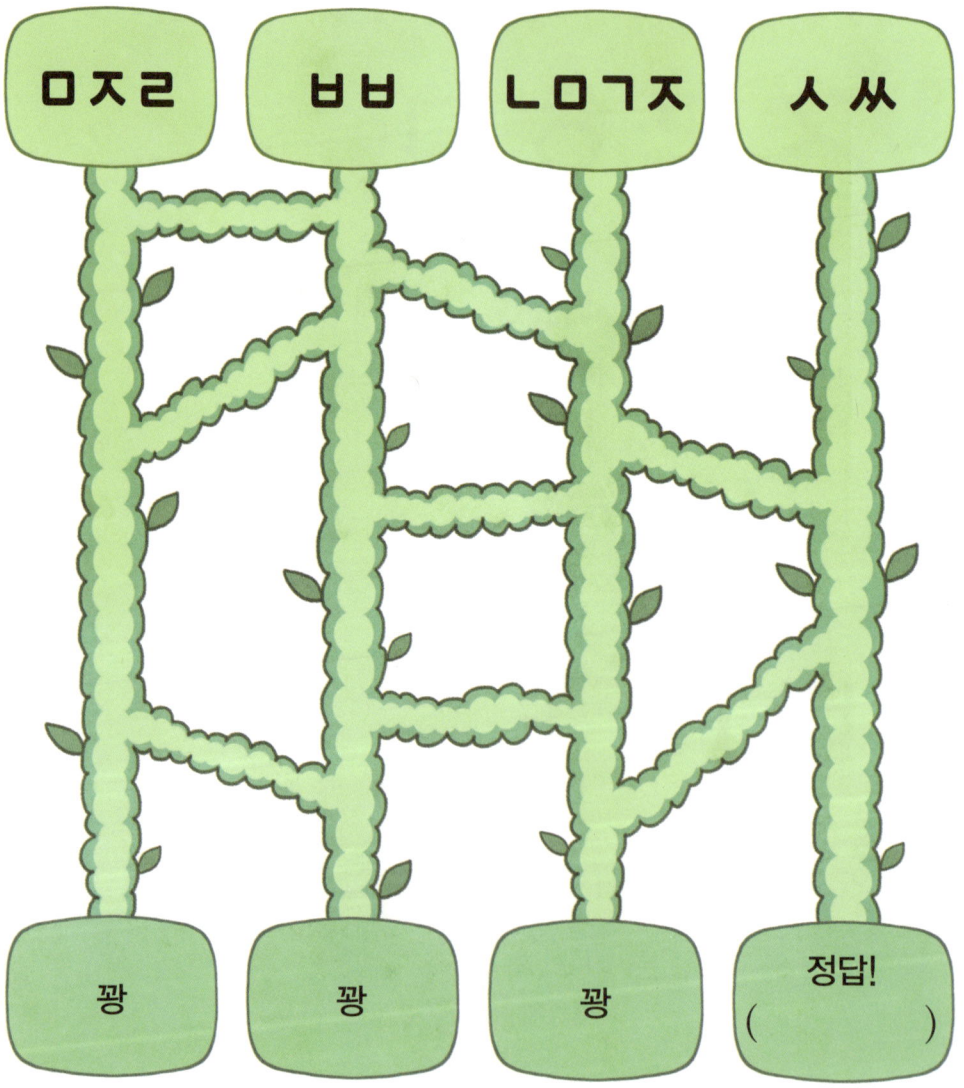

문제를 읽고 알맞은 초성을 고른 뒤 사다리를 타 보세요. 맞히면 정답!, 틀리면 꽝이 나와요. 사다리를 탄 뒤 (   ) 안에 정답을 적어 보세요!

💡 어떤 사물이나 사람, 현상 등을 자세히 살펴보는 것을 뜻하는 말은 무엇일까요?

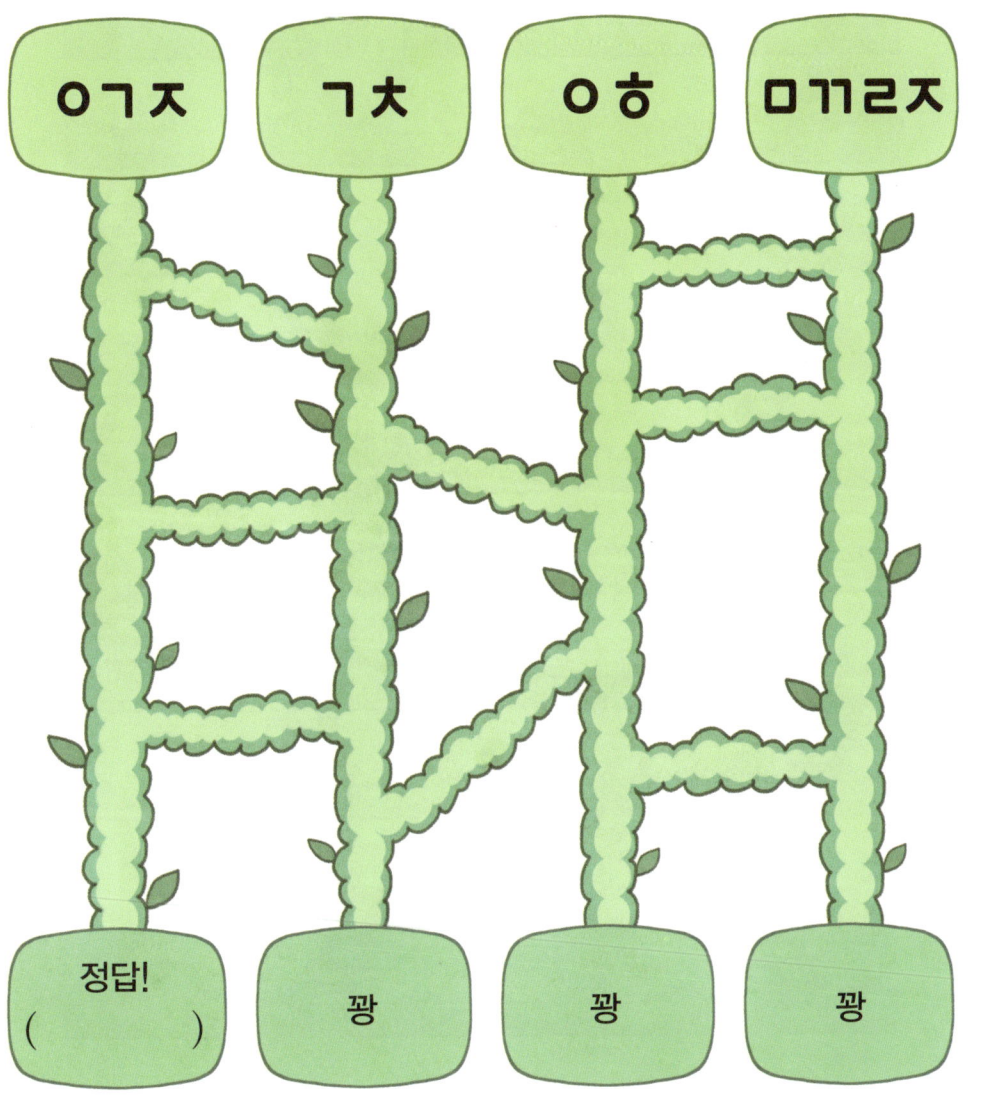

요리조리~ 미로 찾기!

ㅇㅅ(   )

미로를 찾아 그림에 해당하는 초성을 완성해 보세요!

ㅊㅇ( )

5장 시사왕

이 되는
초성 게임

( ) 안에 정답을 쏙!

초성 ㅂㅌㅅㄴㄷ ( )

- 전 세계적으로 인기 있는 우리나라 아이돌 가수.
- 히트곡으로 '작은 것들을 위한 시', 'DNA', '다이너마이트'가 있어요.

초성 ㅇㄴㅂㄷ ( )

- 아껴 쓰고 나눠 쓰고 바꿔 쓰고 다시 쓰는 운동.
- 여기에 동참하면 환경을 보호할 수 있어요.

힌트를 읽고 어떤 말의 초성인지 ( ) 안에 써 보세요!

끝낸 사람에게 하트 선물!

초성 ㅍ ㄹ ㅅ ㅌ ( )

- 환경오염을 일으키는 물건이에요.
- 물건을 담는 용기, 물병, 장난감 등에 많이 쓰여요.

초성 ㅍ ㄷ ( )

- 차별 없이 모두가 똑같이 대접받는 거예요.
- 남녀 ○○이라는 말을 많이 쓰지요.

칙칙폭폭~ 끝말잇기!

초성 글자에 알맞은 낱말을 ( ) 안에 쓰면서 끝말잇기를 해 보세요!

*경우에 따라 초성 글자의 답이 여러 개일 수도 있어요.

연기 — ㄱㅅㅊ ( ) — 충치 — ㅊㄹㅇ ( ) — 약국

고무신 — ㅅㅁ ( ) — ㅁㅇ ( ) — 어린이 — 이마

에너지 — ㅈㄹㄱ ( ) — 길동무 — 무역 — ( )

초성을 잡아라!

문제 음력 5월 5일 단오가 되면 남자는 씨름을 하고, 여자는 이것을 타요. 놀이터에 많이 있는 기구예요.

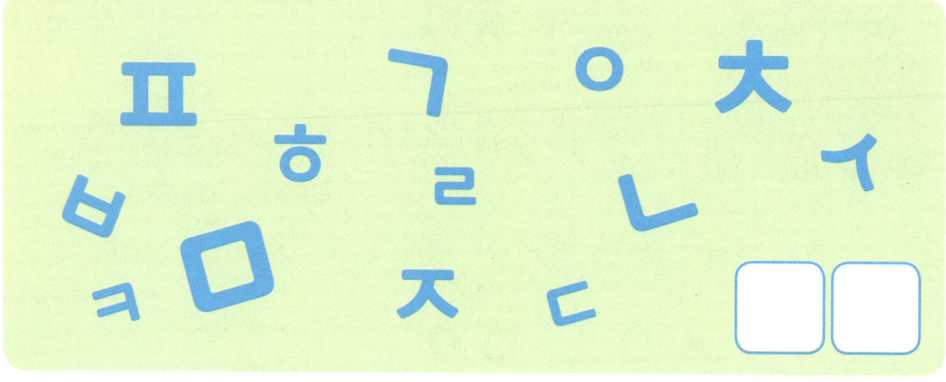

문제 이것으로 나무의 나이를 알 수 있어요.

다음에 설명하는 낱말이 무엇인지 초성을 골라 ○를 하고, □ 안에 정답을 적어 보세요!

문제 환하고 둥근 달을 말해요. 추석에 뜨지요.

문제 설날 아침에 먹는 음식이에요. 이 음식을 먹으면 나이를 한 살 더 먹지요.

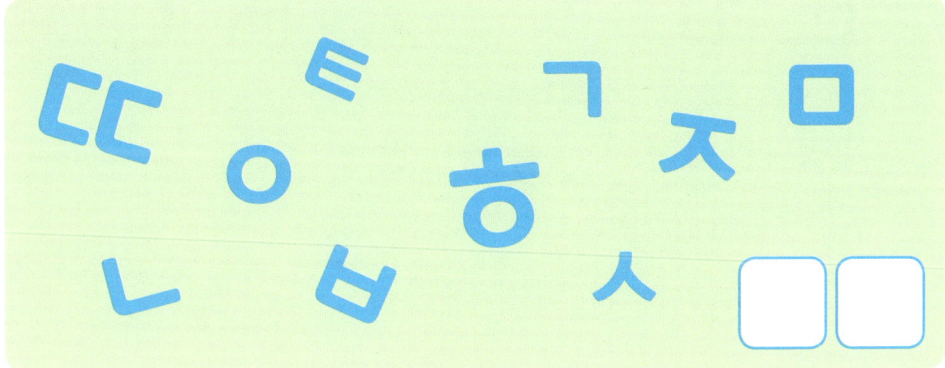

( ) 안에 정답을 쏙!

초성 ㅂㅇㄹㅅ ( )

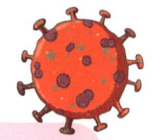

- 면역력이 약한 사람은 이것에 감염되기 쉬워요.
- 코로나19 ○○○○가 전 세계적으로 퍼졌어요.

초성 ㅌㅍ ( )

- 우리나라의 경우 여름 장마철에 부는 큰 바람이에요.
- 이것으로 인해 큰 비가 내리지요.

힌트를 읽고 어떤 말의 초성인지 ( ) 안에 써 보세요!

자, 도전해 볼까?

초성 ㄱㅉㄴㅅ (   )

- 사실이 아닌 것을 사실인 것처럼 꾸민 뉴스를 말해요.
- 연예인, 정치인이 이것으로 시달리기도 해요.

초성 ㅍㅈㅇ (   )

- 한 나라의 모든 국민이 쓰기로 정한 말이에요.
- 사투리는 ㅍㅈㅇ가 아니에요.

칙칙폭폭~ 끝말잇기!

다문화 — ㅎㅈㅅ ( ) — ㅅㄴㅎ ( ) — 화산

먼지 — ㅈㅍㄹㄱ ( ) — 기념사진 — ㅈㄷㄹ ( )

사전 — ㅈㅎㄱ ( ) — ㄱㅊ ( ) — 차도

초성 글자에 알맞은 낱말을 ( ) 안에 쓰면서 끝말잇기를 해 보세요!

*경우에 따라 초성 글자의 답이 여러 개일 수도 있어요.

가스 — ㅅㅋ ( ) — ㅋㅇ ( ) — 위험

운동 — ㄷㄱ ( ) — ㄱㄹㅅ ( ) — 쇠붙이

신사임당 — ㄷㄱ ( ) — ㄱㅅ ( ) — 심부름

문제 사람이 의지를 하고자 기르는 동물을 말해요.

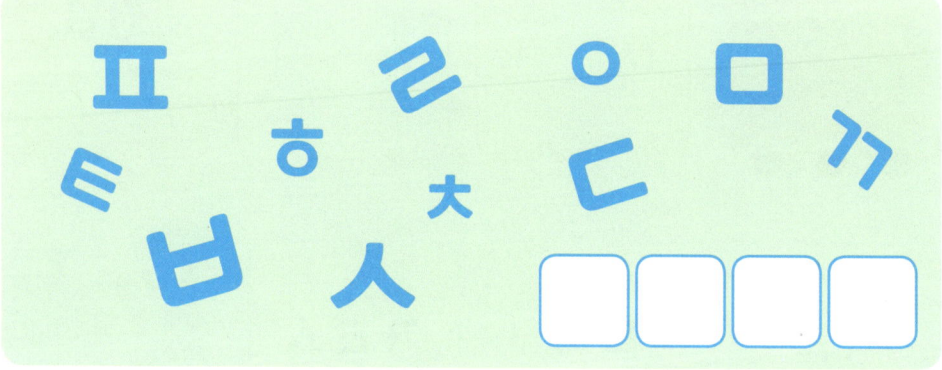

문제 아랫집, 또는 윗집에서 나는 시끄러운 생활 소음.

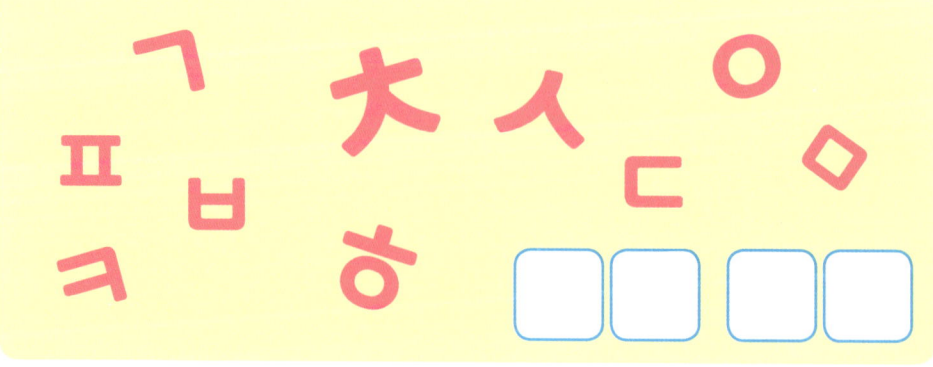

다음에 설명하는 낱말이 무엇인지 초성을 골라 ○를 하고, □ 안에 정답을 적어 보세요!

문제 진기한 세계 기록을 모아서 여기에 기록해요.

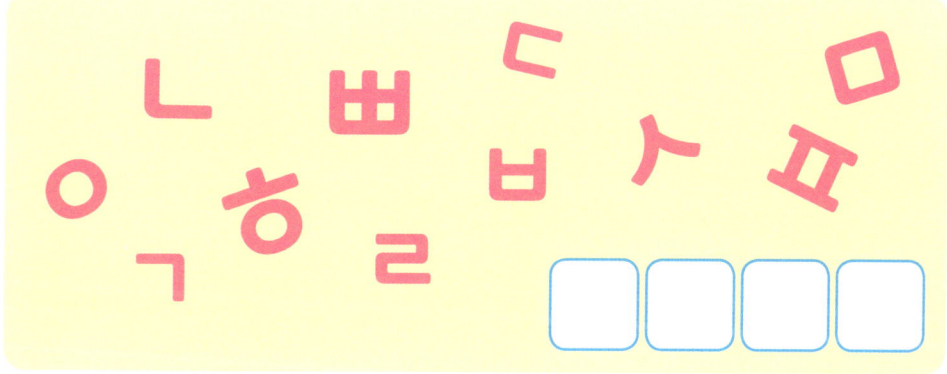

문제 무료 동영상 공유 웹사이트에 영상을 만들어 올리는 사람을 뜻해요. 먹방 ○○○. 게임 ○○○.

( ) 안에 정답을 쏙!

초성 ㄷㄱ ( )

- 지독한 감기를 말해요. 겨울철에 잘 걸려요.
- 걸리지 않기 위해 예방 주사를 미리 맞아요.

초성 ㅈㅎㅇ ( )

- 다 쓰거나 못 쓰게 된 물건을 다시 쓰는 것을 말해요.
- 이 쓰레기를 버릴 때는 종류에 맞게 분리해서 버려야 해요.

힌트를 읽고 어떤 말의 초성인지 ( ) 안에 써 보세요!

초성 ㅅㅂㅊㄱ ( )

- 축구에서 동점일 때 승부를 가리기 위해 해요.
- 골키퍼와 선수가 1대 1로 겨루는 거예요.

초성 ㅂㄷㅅ ( )

- 한반도에서 가장 높은 산이에요.
- 북한에 있어요.

가로세로 초성 낱말 퍼즐!

🟣 가로 길잡이

1 미래 사회에는 이것이 사람을 대신해 많은 일을 할 거예요.

2 땅의 모양을 줄여서 나타낸 그림이에요. 세계 ○○가 있지요.

5 영화를 볼 수 있는 곳이에요.

6 말도 안 되는 기이한 일을 말해요.

🔵 세로 길잡이

1 이탈리아의 수도예요.

3 사람이 많이 모여 살아요. 경제, 정치, 문화의 중심지예요. 농촌 말고 ○○.

4 아주 추운 곳이에요. 지구의 북쪽 끝 지역이에요.

7 산속에 사는 도둑을 말해요.

가로와 세로 길잡이 글을 잘 읽고 초성 낱말 퍼즐을 풀어 보세요.

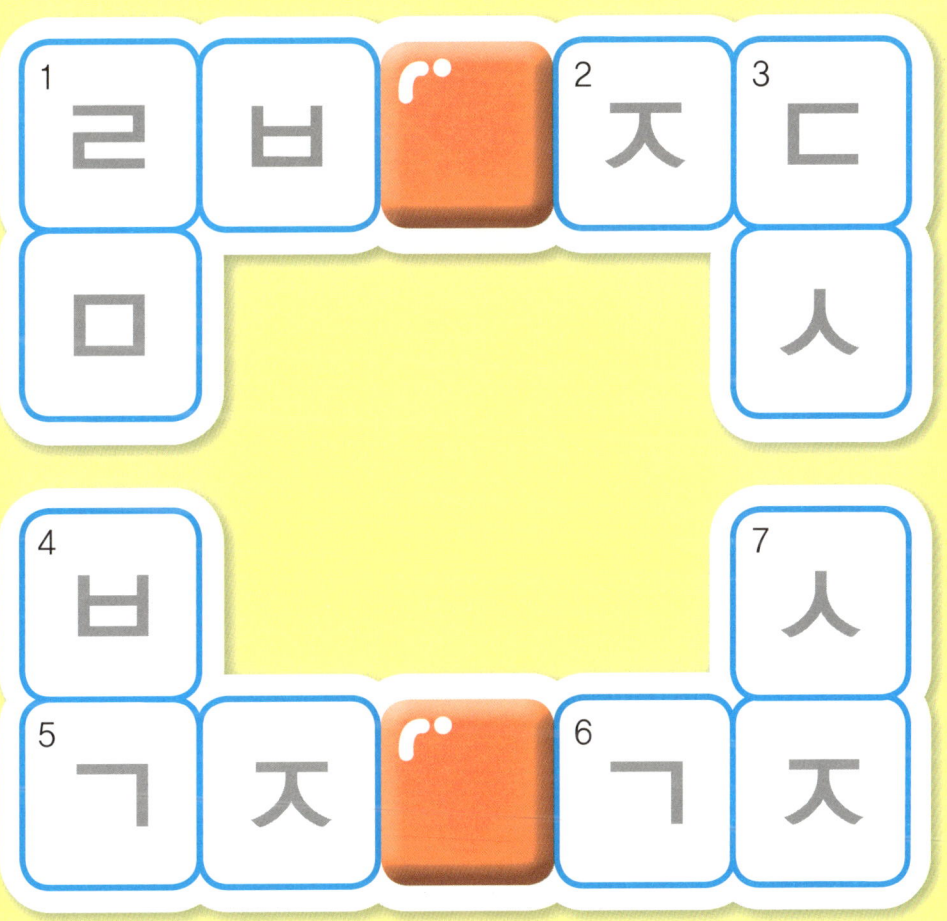

재미 만점~ 사다리 타기!

💡 학교 주변에 설치한 어린이 보호 구역이에요. 학교 정문에서 300미터 이내의 통학로를 말해요.

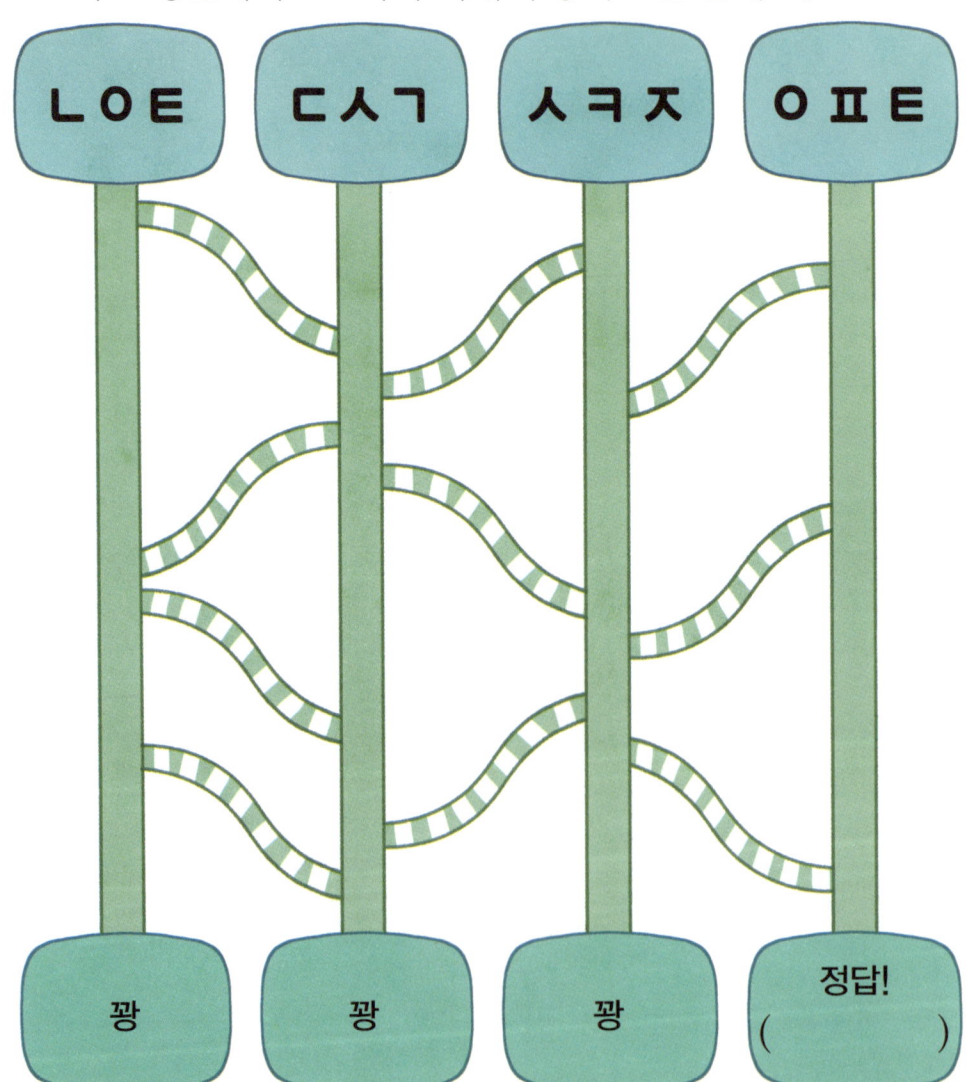

문제를 읽고 알맞은 초성을 고른 뒤 사다리를 타 보세요. 맞히면 정답!, 틀리면 꽝이 나와요. 사다리를 탄 뒤 (   ) 안에 정답을 적어 보세요!

💡 공기 속에 들어 있어요. 숨 쉬는 데 꼭 필요한 거예요.

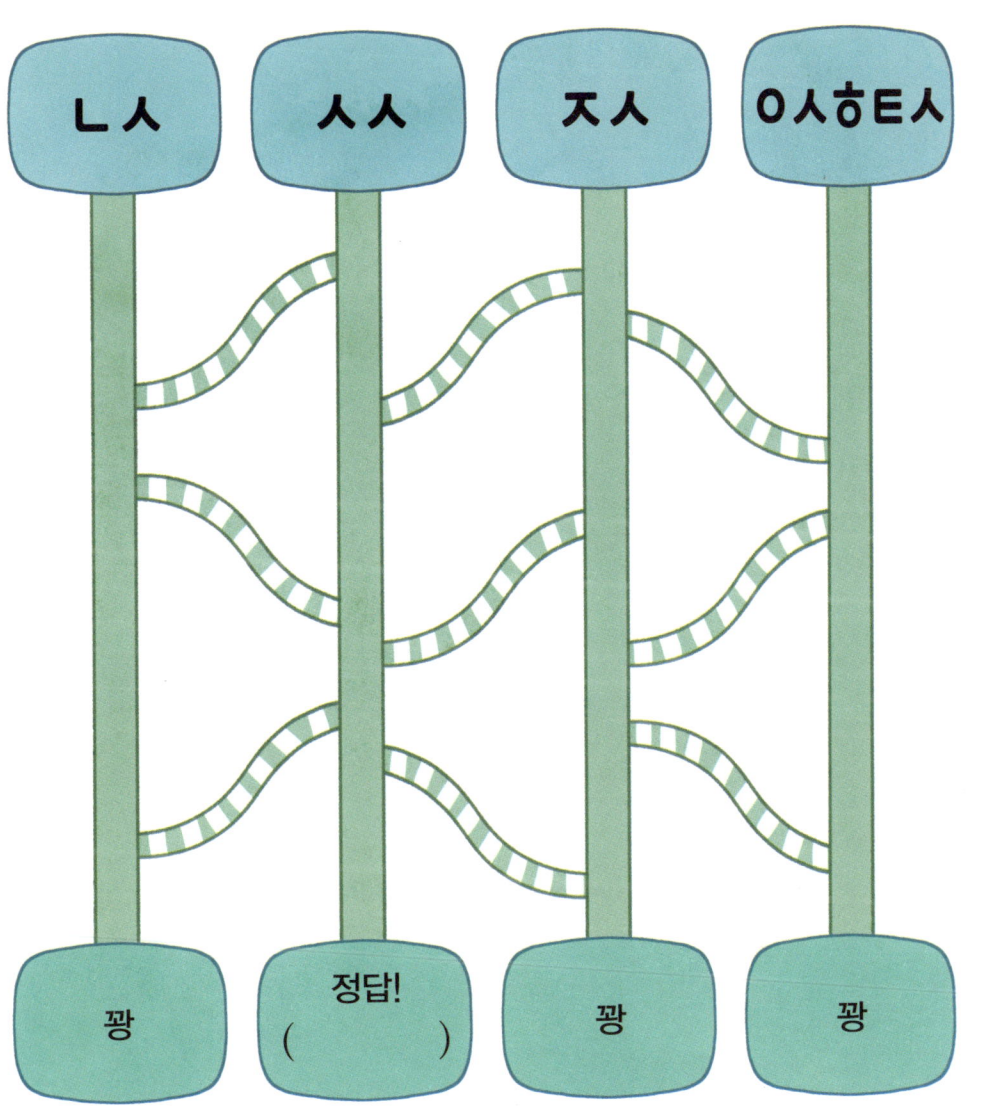

( ) 안에 정답을 쏙!

초성 ㅇㄱㅈㄴ ( )

- 인간의 지능을 갖춘 컴퓨터 시스템을 말해요.
- '에이아이(AI)'라고도 하지요.

초성 ㅅㅎㅁ ( )

- 2021년 현재 영국에서 활동하고 있는 축구 선수예요.
- 우리나라 국가 대표 축구 선수로도 뛰었어요.

힌트를 읽고 어떤 말의 초성인지 ( ) 안에 써 보세요!

초성 ㅌ ㅇ (   )

- 우리나라의 남과 북이 하나가 되는 것을 말해요.
- 헤어진 이산가족을 마음껏 만나려면 이것이 필요해요.

초성 ㄱ ㅂ (   )

- 남을 위해 자신의 것을 대가 없이 내놓는 것.
- 이것을 많이 하는 사람을 '○○ 천사'라고 불러요.

가로세로 초성 낱말 퍼즐!

가로 길잡이

1 머리카락이 없는 사람들은 이걸 쓰기도 해요.
2 횡단보도에서 이걸 보고 길을 건너지요.
5 승부를 정하기 위해 맞서서 겨루는 거예요.

세로 길잡이

1 우리 ○○은 엄마, 아빠, 나 이렇게 세 명이에요.
2 걸어 다닐 때 신는 거예요. 발을 보호해요.
3 비밀을 지키려고 만든 기호나 신호예요.
4 바닷가에 세워져 있어요. 어두울 때 배는 이것의 불빛을 보고 길을 찾기도 해요.
6 학교에 빠지는 것을 말해요.

가로와 세로 길잡이 글을 잘 읽고
초성 낱말 퍼즐을 풀어 보세요.

		3 ㅇ		
	2 ㅅ	ㅎ	4 ㄷ	
1 ㄱ	ㅂ		5 ㄷ	6 ㄱ
ㅈ				ㅅ

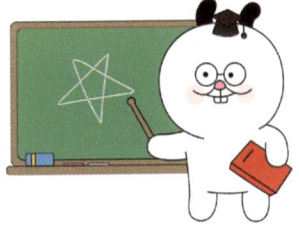

요리조리~ 미로 찾기!

ㅁㅅㅋ
(   )

미로를 찾아 도착한 곳에 초성 글자가 있어요.
초성 글자에 알맞은 낱말을 (   ) 안에 적어 보세요!

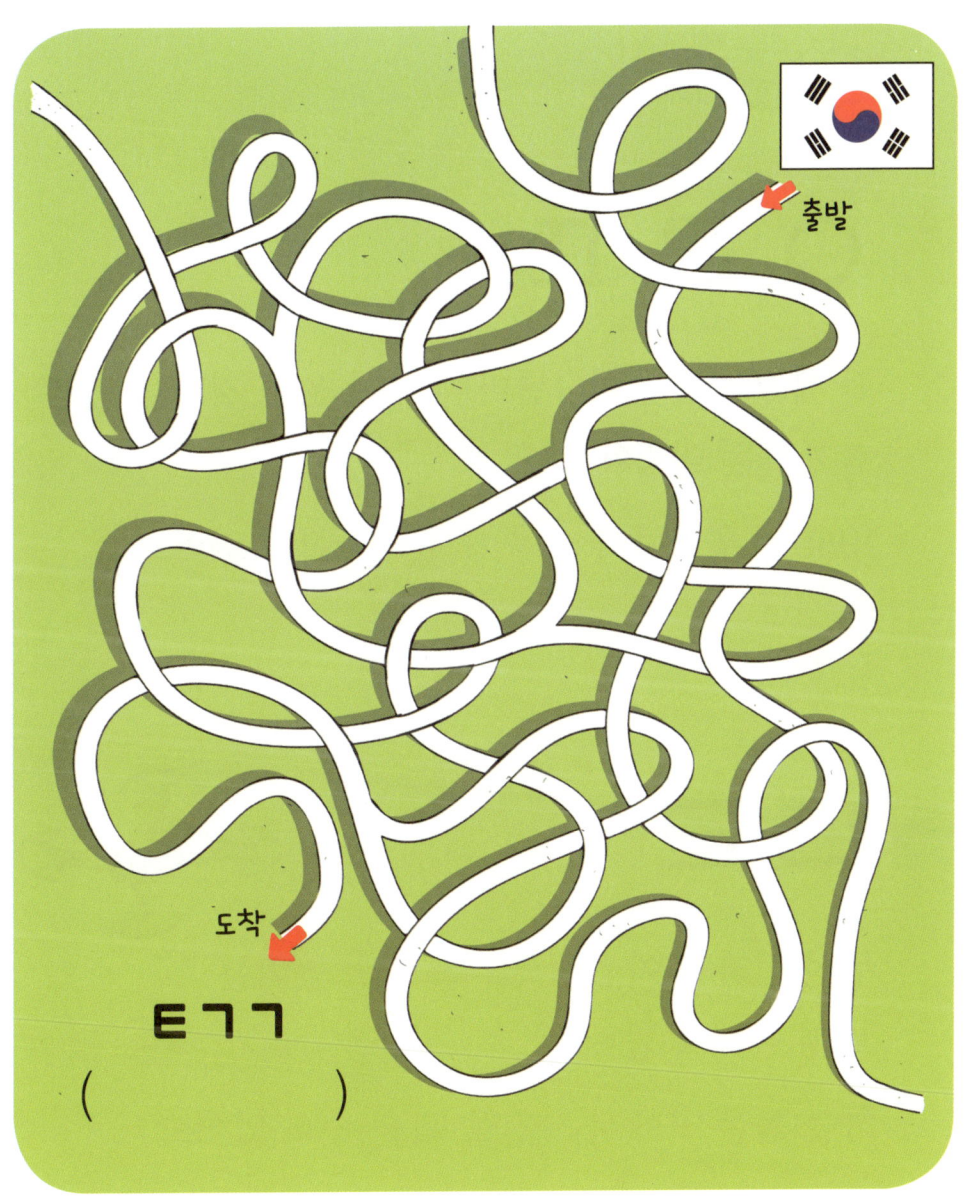

( ) 안에 정답을 쏙!

 ㅇㄹㅍ (   )

- 전 세계 사람들이 4년마다 모여 운동 경기를 함께하는 대회예요.
- 1988년 우리나라 서울에서 이것이 열렸어요.

 ㄷㄹ (   )

- 무선 전파를 이용해 원격으로 조종되는 비행 물체를 말해요.
- 하늘 높은 곳에서 사진을 찍을 수도 있어요.

힌트를 읽고 어떤 말의 초성인지 ( ) 안에 써 보세요!

초성 ㅈㄱ ㅇㄴㅎ (   )

- 지구의 온도가 높아지는 것을 말해요.
- 이것으로 인해 남극의 빙하가 녹고 있어요.

초성 ㄱㅇㅇ (   )

- 2010년 밴쿠버 동계 올림픽, 피겨 스케이팅 여자 싱글 부문에서 금메달을 딴 사람이에요.

재미 만점~ 사다리 타기!

💡 경상북도 울릉군에 속하는 섬. 우리나라 가장 동쪽에 있는 섬으로 일본이 자기네 땅이라고 우기는 곳은?

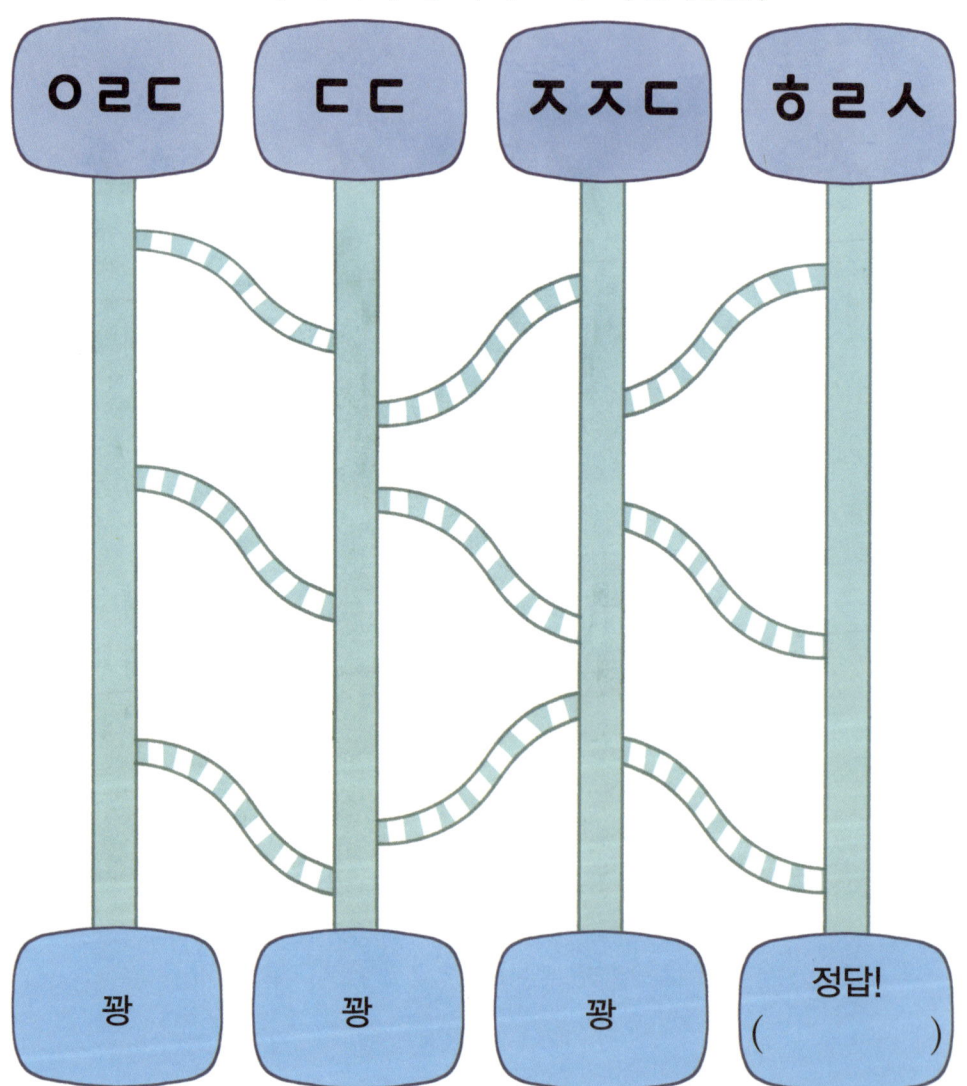

문제를 읽고 알맞은 초성을 고른 뒤 사다리를 타 보세요. 맞히면 정답!, 틀리면 꽝이 나와요. 사다리를 탄 뒤 (   ) 안에 정답을 적어 보세요!

우리나라 대통령이 사는 곳으로, 지붕이 푸른색인 곳은?

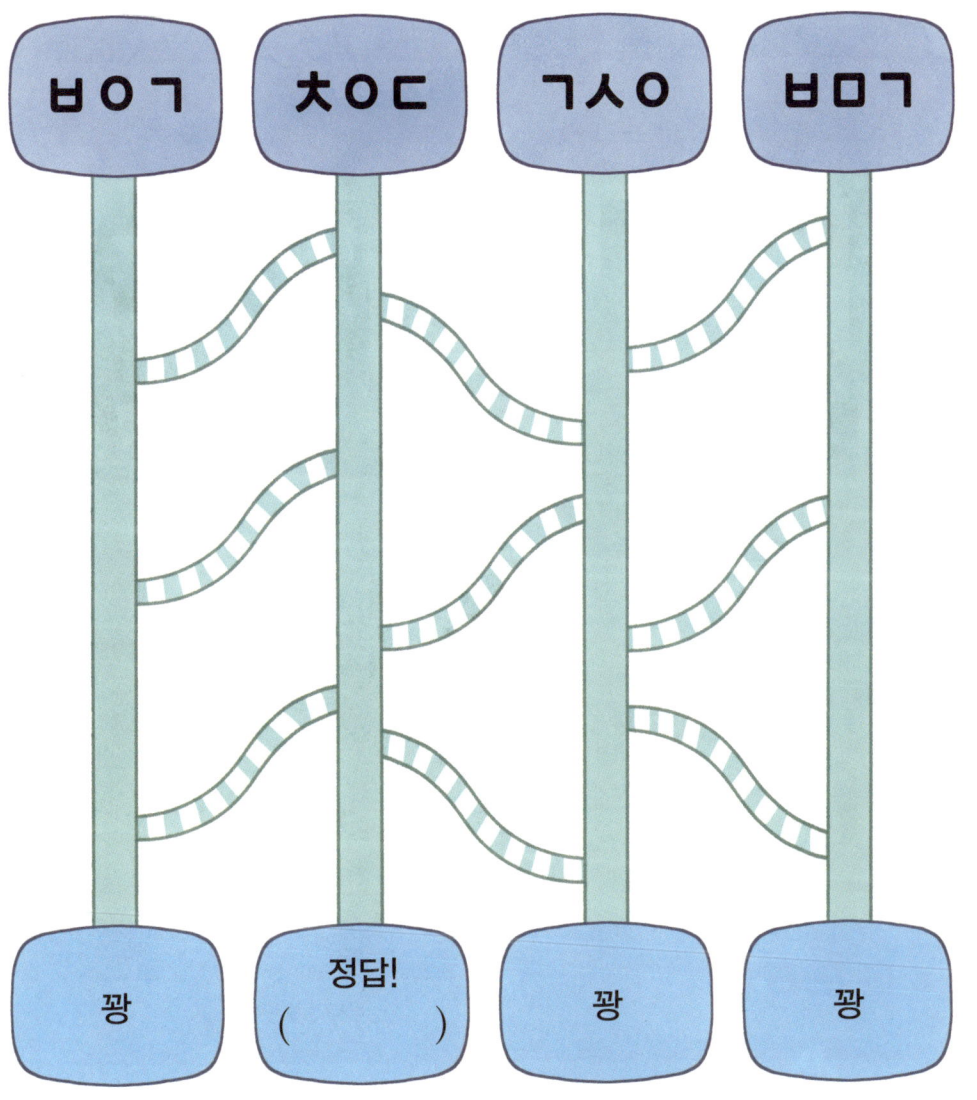

요리조리~ 미로 찾기!

미로를 찾아 도착한 곳에 초성 글자가 있어요.
초성 글자에 알맞은 낱말을 ( ) 안에 적어 보세요!

정답

*끝말잇기의 정답은 예시 답안입니다. 예를 들어 끝말잇기의 마지막에 'ㄲㅂ'이 올 경우 정답은 꿀밤, 꿀배, 꿀벌 등으로 다양할 수 있습니다.

8쪽 닭, 찻길

9쪽 숲, 꽃밭

10쪽 사냥꾼, 달걀

11쪽 쌍꺼풀, 햇볕

12쪽 (감자) (자전거) (줄넘기) / (개미) (미용실) (수영장) / (채소) (소매) (미끄럼틀)

13쪽 (카메라) (면도기) (기차) / (치과) (과자) / (밥상) (상장) (대나무)

15쪽

16쪽 돌멩이, 지우개

17쪽 떡볶이, 여덟 살

18쪽 거짓말, 임금님

19쪽 빨간불, 부엌

20쪽 (짜장면) / (다리미) (술래잡기) (둥지) / (시소) (소리)

21쪽
(물건) (건강) (물방울) / (뒤꿈치) (국물) (물레방아) / (귀뚜라미) (기사) (사진기)

23쪽

24쪽 무당벌레, 김치찌개

25쪽 숟가락, 젓가락 / 선녀와 나무꾼

26쪽 빗자루

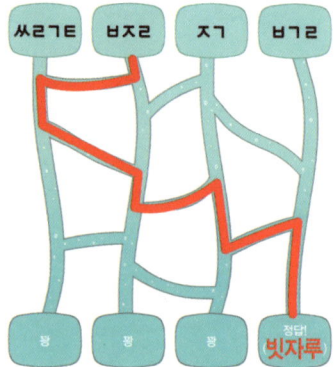

27쪽 맷돌

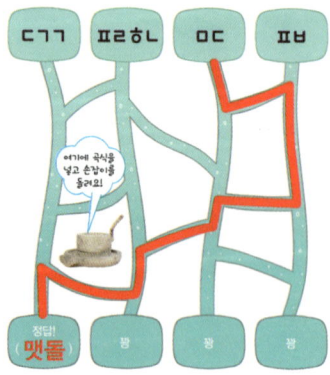

154

28쪽 참새

29쪽 너구리

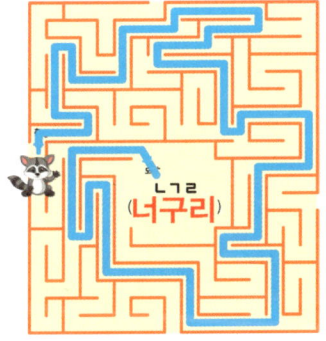

30쪽

깡충깡충 / 창밖, 빗방울

31쪽 손, 발, 씻어 /
책꽂이, 꽂혀

32쪽 시냇물

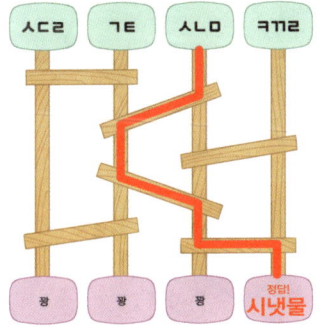

33쪽 혼잣말

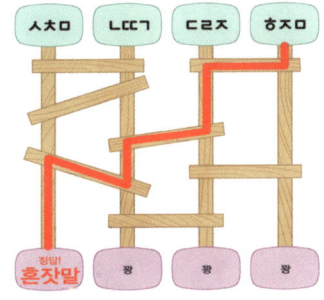

34쪽 팥죽

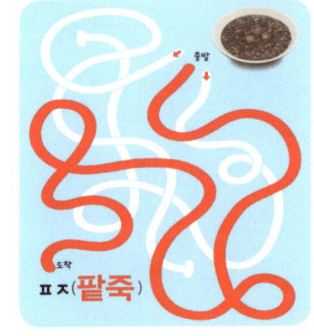

35쪽 꽹과리

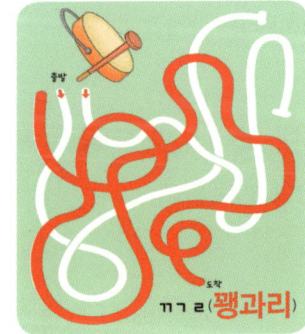

38쪽
마침표, 물음표, 느낌표

39쪽
쉼표, 큰따옴표, 작은따옴표

40쪽 짝수, 기와집

41쪽 식중독, 번개

42쪽 (무궁화) (수건) /
(삼각형) (꿀벌) /
(인사) (자연 보호)

43쪽 (화요일) (일기장) /
(이순신) (장미꽃) /
(베짱이) (사마귀)

45쪽

46쪽 송편, 제주도, 농부

47쪽
지구, 세종 대왕, 신호등

48쪽 곤충, 피노키오

49쪽 덧셈, 소방관

50쪽 (울릉도) (묵사발) /
(형제) (점성술) /
(주인공) (주사위)

51쪽 (지렁이) (이쑤시개) /
(선물) (학용품) / (명절) (약사)

53쪽

54쪽

겨울잠, 올챙이, 위인전

55쪽

소금쟁이, 열두 달, 한복

56쪽 초대장

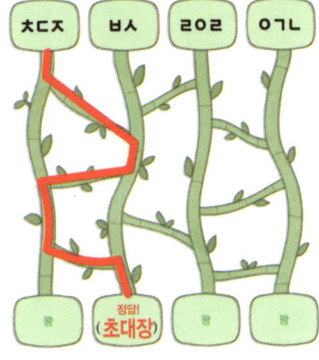

57쪽 애국가

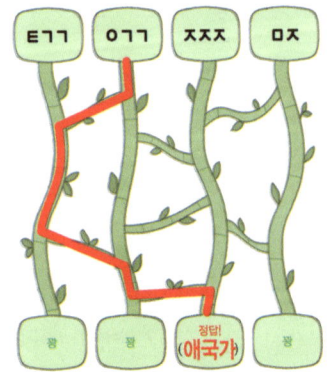

58쪽 인어 공주

59쪽 강아지

60쪽

대한민국, 사계절, 안전모

61쪽

동네, 요리사, 백설 공주

62쪽 민속놀이

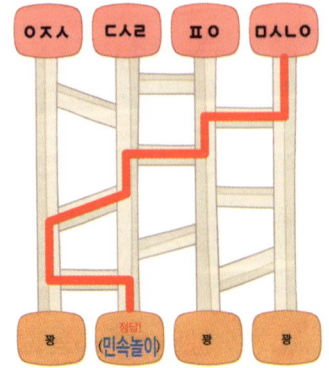

63쪽 흥부

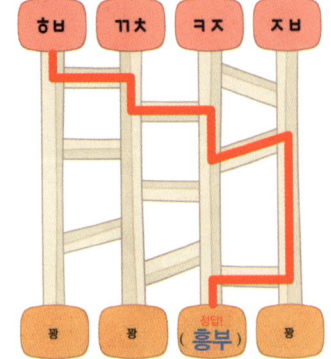

64쪽 눈사람

65쪽 아이스크림

68쪽 찬물, 굼벵이, 기역

69쪽 부채질, 펜, 손가락

70쪽 콩 / 새, 쥐

71쪽 지렁이 / 밤, 홍두깨

72쪽 떡, 삼키고, 부뚜막

73쪽 외양간, 걸음, 바위

74쪽 도둑이 제 발 저린다

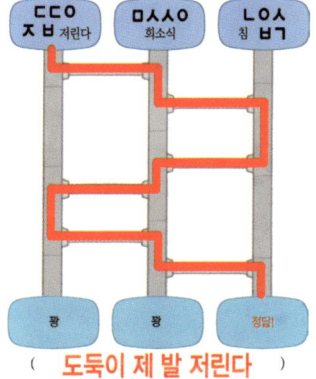
(도둑이 제 발 저린다)

75쪽 소 귀에 경 읽기

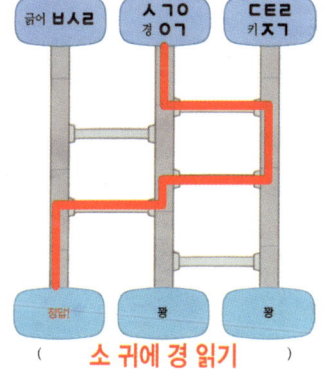
(소 귀에 경 읽기)

76쪽 길, 등잔, 천 리

77쪽 발등, 백지장, 배꼽

78쪽 닭, 개, 지붕

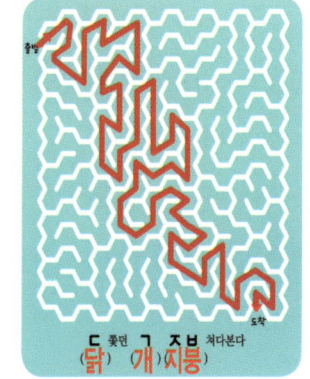
(닭) (개) 지붕

79쪽 우물, 개구리

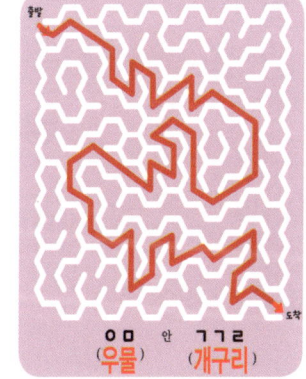
(우물) 안 (개구리)

80쪽 열 번, 나무 / 콩, 팥 / 바늘, 실

81쪽 호랑이, 정신 / 방귀, 성 / 가는, 고와야, 말

82쪽 사공, 배 / 굴뚝

83쪽 다홍치마, 나팔

84쪽 올챙이, 생각 / 병, 약 / 버릇, 여든

85쪽 죽 / 고추, 맵다 / 나무, 떡잎

86쪽 우는 아이 젖 준다

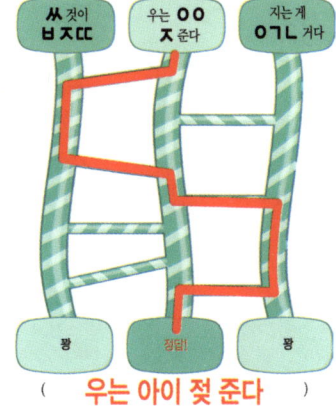
(우는 아이 젖 준다)

87쪽 티끌 모아 태산

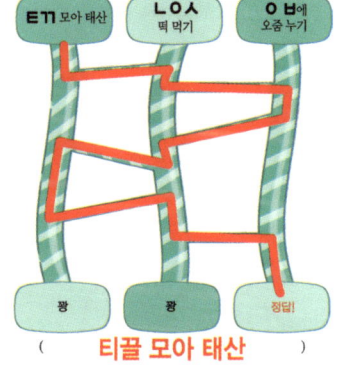
(티끌 모아 태산)

88쪽 키, 재기 / 침, 뱉기 / 솔잎, 바스락

89쪽 게 / 코 / 짚고, 헤엄

90쪽 새우, 돌다리

91쪽 물, 지푸라기 / 놈, 떡

157

92쪽 바늘 도둑이 소 도둑 된다

93쪽 오르지 못할 나무는 쳐다보지도 마라

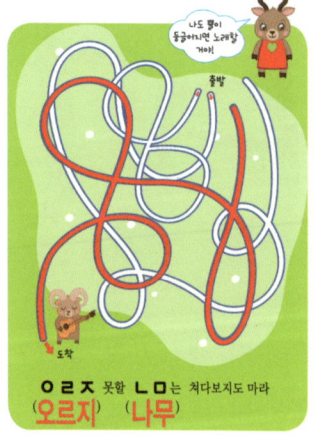

96쪽 피아노, 추석
97쪽 질투, 입학식
98쪽 급식, 규칙

99쪽 비상구, 준비물
100쪽 (널뛰기) (수박) / (이발소) (문방구) / (욕심쟁이) (기찻길)
101쪽 (책가방) (귀고리) / (원두막) (기저귀) / (눈보라) (오랑우탄)

103쪽

104쪽 게시판, 육교
105쪽 발표, 어깨동무
106쪽 농사꾼, 계획
107쪽 동물원, 낭송
108쪽 (거북) (성공) / (운동장) (터미널) / (전교생) (계수나무)
109쪽 (체험 학습) (염소) / (말썽쟁이) (리어카) / (분수대) (이빨)

111쪽

112쪽 놀이공원

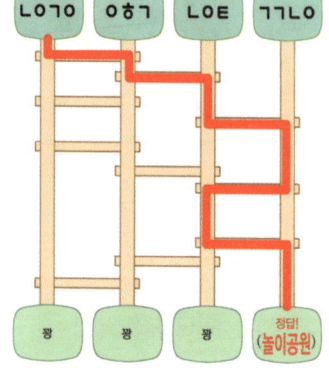

113쪽 선생님

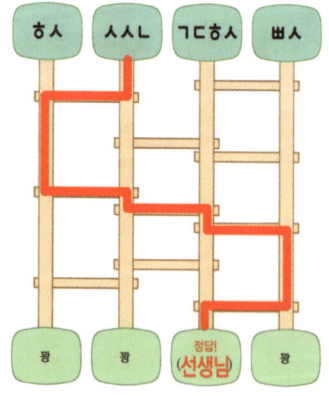

114쪽 공룡

115쪽 팽이

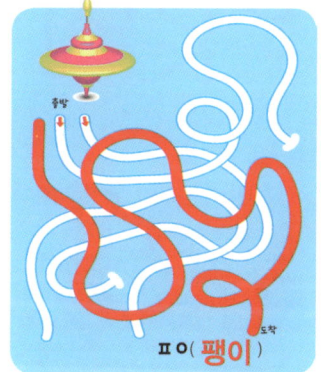

116쪽 엉금엉금, 주렁주렁

117쪽 장래 희망, 박물관

118쪽 새싹

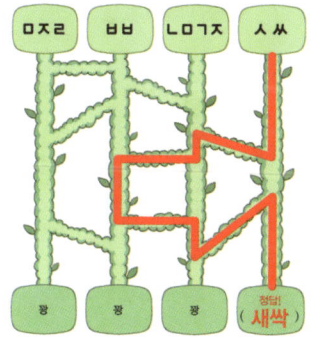

119쪽 관찰

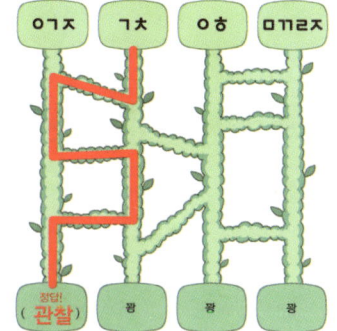

120쪽 열쇠

121쪽 참외

124쪽
방탄소년단, 아나바다

125쪽 플라스틱, 평등

126쪽
(화장) (장마) / (이글루)
(프랑스) / (음식) (식목일)

127쪽
(기생충) (치료약) / (신문)
(문어) / (지름길) (역도)

128쪽 그네, 나이테

129쪽 보름달, 떡국

130쪽 바이러스, 태풍

131쪽 가짜 뉴스, 표준어

132쪽
(화장실) (실내화) /
(지푸라기) (진달래) /
(전화기) (기차)

133쪽
(스키) (키위) / (동굴)
(굴렁쇠) / (당근) (근심)

134쪽 반려동물, 층간 소음

135쪽 기네스북, 유튜버

136쪽 독감, 재활용

137쪽 승부차기, 백두산

139쪽

140쪽 스쿨존

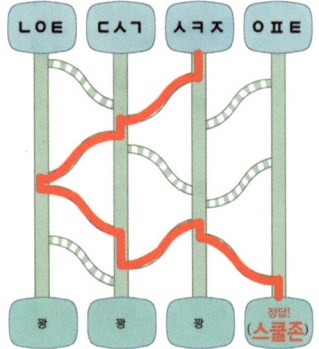

141쪽 산소

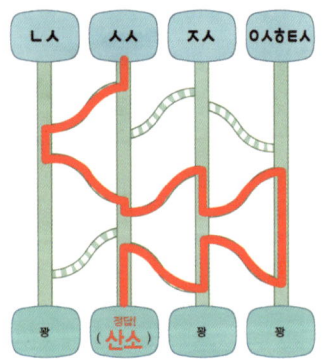

142쪽 인공 지능, 손흥민

143쪽 통일, 기부

145쪽

146쪽 마스크

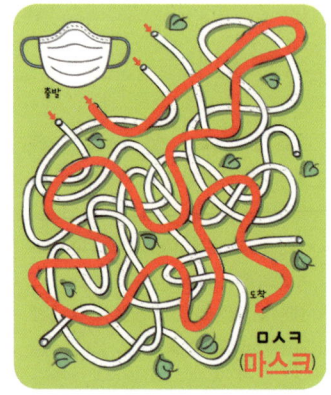

147쪽 태극기

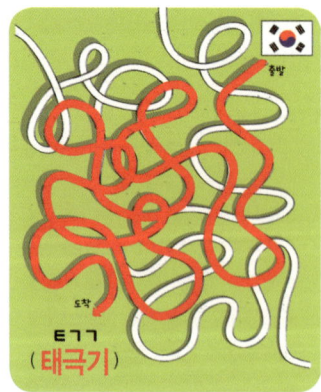

148쪽 올림픽, 드론

149쪽

지구 온난화, 김연아

150쪽 독도

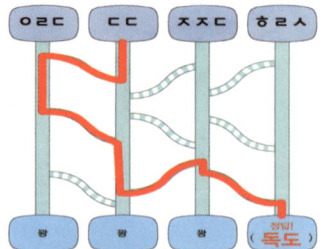

151쪽 청와대

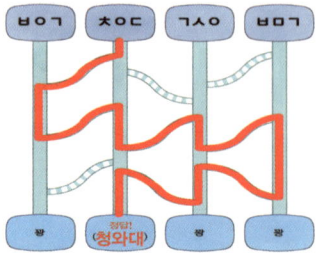

152쪽 마라톤

153쪽 케이팝

160